中国石油勘探开发研究院
RESEARCH INSTITUTE OF PETROLEUM EXPLORATION & DEVELOPMENT

面向碳中和时代的氢经济和产业链

HYDROGEN ECONOMY AND INDUSTRY CHAIN FOR THE CARBON-NEUTRAL ERA

张茜　苗盛　陶光远　祝良瑜◎著

经济管理出版社
ECONOMY & MANAGEMENT PUBLISHING HOUSE

图书在版编目（CIP）数据

面向碳中和时代的氢经济和产业链 ／ 张茜等著 ；朱彤主编. -- 北京：经济管理出版社，2024. -- ISBN 978-7-5096-9873-0

Ⅰ．F407.2

中国国家版本馆 CIP 数据核字第 2024L1Q612 号

责任编辑：丁慧敏
责任印制：张莉琼
责任校对：张晓燕

出版发行：经济管理出版社
　　　　　（北京市海淀区北蜂窝 8 号中雅大厦 A 座 11 层　100038）
网　　　址：www. E-mp. com. cn
电　　　话：(010) 51915602
印　　　刷：唐山玺诚印务有限公司
经　　　销：新华书店
开　　　本：720mm×1000mm/16
印　　　张：14.75
字　　　数：174 千字
版　　　次：2025 年 4 月第 1 版　　2025 年 4 月第 1 次印刷
书　　　号：ISBN 978-7-5096-9873-0
定　　　价：98.00 元

丛书总序

将"系统思维"和"效率原则"贯穿能源转型始终

2020 年 9 月 22 日，国家主席习近平在第七十五届联合国大会一般性辩论上郑重宣布：中国"二氧化碳排放力争于 2030 年前达到峰值，努力争取 2060 年前实现碳中和"（以下简称"双碳"）。这不仅充分体现了我国在气候变化这一全球危机问题上的责任与担当，也标志着我国能源转型进入一个全新阶段。

在"双碳"政策推动下，我国能源转型与减碳进程进一步提速。比如，2021~2023 年，我国风能发电和太阳能光伏发电装机总和从 6.34 亿千瓦增加到 10.5 亿千瓦，两年增长 65%；[①] 新能源汽车销售量从 352.1 万辆快速增加到 949.5 万辆，两年增长 1.7 倍；新型储能累计装机规模从 400 万千瓦猛增到 3139 万千瓦，两年增长 6.8 倍。截至 2023 年底，我国可再生能源（含水电和生物质）发电总装机达 15.16 亿千瓦，占全国发电总装机的 51.9%；可再生能源发电量达到 2.07 万亿千瓦时，约占发电量的 31.3%。[②] 此外，我国电力部门碳减排

---

① 这意味着我国 2030 年前风能发电和太阳能发电装机规模达到 12 亿千瓦的规划目标将提前实现。

② 以上数据均来自国家能源局公开发布的数据。

也取得了明显成效。2022 年，全国单位发电量二氧化碳排放约 541 克/千瓦时，比 2005 年降低了 36.9%。[①]

然而，我们在为上述成绩而欣慰的同时，不应忽视我国能源转型实践中逐渐显现的一些问题。这里仅举三例：

一是可再生能源规模快速增长面临的网络瓶颈制约日益凸显。比如，2021 年为加快屋顶分布式光伏发展而实施的"整县推进"政策对推动分布式光伏发展效果明显，[②] 但该政策实施不到两年，全国很多地方就因电网冗余消耗殆尽而对分布式光伏并网亮起红灯。

二是一些应对"风光电"波动性和间歇性的政策措施面临"必要性"与"经济性"的两难困境。比如，2021 年 7 月国家发展改革委和国家能源局发布的"鼓励"集中式风力发电和光伏发电站配建储能的政策，[③] 在实践中演变为二十多个省份先后实施"强制配储"政策。各地"强制配储"政策一方面推动了我国新型储能短期出现爆发式增长，另一方面给配储的新能源发电企业带来了沉重的成本负担，且至今缺乏完善的储能成本补偿机制。不仅如此，在这些企业"两小时"配储成本还难以消化和承受时，一些地方在"风光电"规模快速增长的压力下，强制配储的要求开始从"两小时"扩大到"三小时"，甚至"四小时"。在这种情况下，配储成本不单单是"完善配储成本补偿机制"就能解决的了，可能需要先对这些成本的"合理性"进行评估。

三是高比例波动性可再生能源电力系统的高"系统成本"

---

① 中国电力企业联合会：《中国电力行业年度发展报告 2023》。

② 2022 年全国新增分布式光伏发电并网装机容量 51.11GW，占当年光伏发电并网装机容量的 58.4%，与 2020 年新增分布式光伏占比相比增加了 35 个百分点（国家能源局：《2022 年光伏发电建设运行情况》）。

③ 国家发展改革委、能源局于 2021 年 7 月 29 日发布的《关于鼓励可再生能源发电企业自建或购买调峰能力增加并网规模的通知》（发改运行〔2021〕1138 号）。

问题。随着电力系统中风光电占比的增加，未来电力系统需要的"系统灵活性"规模可能数倍于目前的电力系统，从而导致"系统成本"大幅上升。OECD 和国际核能协会（NEA）2019 年发布的一份研究报告指出：当波动性可再生能源在电力系统渗透率为 10% 时，其所研究的案例系统成本为 7 美元/MWh；[①] 当渗透率提高到 30% 时，系统成本相当于 10% 时的 2.5 倍；当渗透率达到 50% 时，系统成本相当于 10% 渗透率的 4.3 倍。[②] 当然，由于不同电力系统的"灵活性"差异较大，波动性可再生能源相同渗透率下的电力系统成本也不相同，甚至差异很大。现有电力系统的技术灵活性和机制灵活性越强，现有机制对大量分布式、小规模灵活性资源的利用能力越强，利用效率越高，波动性可再生能源规模扩张导致的系统成本上升幅度越小。但无论如何，系统成本大幅上升趋势是能源转型不能回避的问题。我们需要认真思考：是否有减少系统成本持续增加的替代方案，以减少我国能源转型的代价。

上述问题的前两个问题是能源转型实践中产生的问题，而第三个问题则是根据能源转型逻辑"发现"、并且在不远的将来大概率会发生。笔者认为，这从本质上反映了能源转型与碳中和进程中"效果"与"效率"实际和可能的冲突。

能源转型与脱碳政策"效果"是指能源转型和脱碳政策目标实现的"程度"和"速度"。比如，2023 年底我国风力发电和光伏发电合计装机容量已接近 11 亿千瓦，距离 2030 年完成 12 亿千瓦装机的发展目标仅一步之遥。这表明我国推动风力发电和光伏发电的相关政策无论是实现的程度还是速度，"效果"

---

① 相当于人民币每 4.76 分/kWh。

② OECD and NEA. The Costs of Decarbonisation：System Costs with High Shares of Nuclear and Renewables. 2019. http：www. oecd. org/publishing/corrigenda.

都很好。然而，政策"效果"好，并不意味着政策"效率"高，即实现具体能源转型和脱碳目标所支付的"经济成本"低。从实践来看，由于种种原因，能源转型与脱碳政策"效果"与"效率"对立的案例并不鲜见。笔者认为，其关键原因有两点：

第一，气候变化倒逼的能源转型决定了"效果"的地位重于"效率"。历史上发生的能源转型，比如，煤炭替代植物薪柴、石油替代煤炭等，都是由效率更高的技术创新驱动的。"每当效率更高的新"能量原动机"出现取代旧的原动机，显著提高了人类所能利用的能源的量级，能源转型就会发生。"① 然而，当前正在进行的能源转型则是气候变化倒逼的。这从两个方面导致能源转型实践中"效果"优先的局面：一方面，应对气候变化，缓解全球变暖的紧迫性所形成的舆论氛围和心理压力导致加快能源转型和脱碳进程的更重视"效果"的思维惯性，实践中也倾向于采用能短期迅速看见"效果"的措施（即短平快的政策工具）；另一方面，气候变化问题的"全球外部性"导致应对气候变化的国际博弈中表现出"鞭打快牛"的特征，试图让积极落实承诺的国家加快转型，提前实现碳中和，而对由此发生的成本不置一词。②

---

① Vaclav Smil. Energy Transitions. http：//www.vaclavsmil.com/wp－content/up-loads/WEF_EN_IndustryVision－12.pdf.

② 气候变化问题的"全球外部性"特征，决定了各国碳中和进程必然面临两个难题：减碳成本分摊和碳泄漏。前者是指减碳国家付出"真金白银"减少碳排放量使全球受益，理论上受益国家应该分摊减碳成本（如何结合排放"共同但有区别的责任"原则，至少历史排放主要责任方的发达国家应该分摊相应减碳成本）；后者是指积极减碳的国家的碳减排量被不承诺减排国家，或者承诺减排但没真正落实减排的国家增加的减排量抵消，甚至反超。导致积极减排国家的减排效果受到严重削弱甚至无效，而实际碳减排国家的成本却真实发生了。国际治理机制内在缺陷决定了这两个问题成为无解难题，使国际社会在应对气候变化的舆论和行动上表现出极大反差（语言的巨人和行动的侏儒）。这种反差进一步强化下一年能源转型和脱碳行动的紧迫性和强调政策"效果"而非"效率"的循环。

第二，当前能源转型不仅是不同能源品种替代，更是能源系统的转型。化石能源时代的两次能源转型如石油替代煤炭、天然气替代石油和煤炭，都属于同一能源系统中不同能源品种的替代。这两次转型同属于化石能源系统内部的转型，其能源系统技术经济特征相同：都是大规模、集中式能源生产、运输和使用系统。当前的能源转型除了有不同能源品种的替代外，更是不同能源系统之间的转型，即以可再生能源为主导的零碳能源系统替代以化石能源为主导的高碳能源系统。由于可再生能源的能量密度低、分布相对均衡，其能源系统的基本技术经济特征必然是适度规模和本地化（分布式）系统。目前的化石能源系统和未来的零碳能源系统技术特征、网络架构和用能的商业模式差异很大。这大大提高了能源转型与脱碳政策实施中"效果"与"效率"兼顾的难度。因此，如果仅仅从"能源结构变化"层面来理解当前能源转型，对现有能源系统及其背后的能源体制机制不做根本性变革条件下推动能源转型，很容易导致"低效率"能源转型与脱碳"效果"，并且这些"效果"从中长期来看又难以持续。

因此，将"系统思维"与"效率原则"贯穿能源转型实践，对于缓解和避免能源转型与碳中和进程中的"效果"与"效率"对立问题是非常必要的。而且，我们用"系统思维"和"效率原则"去分析前面提到的三个"问题"，可以极大地拓展政策制定和实施的认识视角。

第一个问题实际上反映了我国"能源系统转型滞后于可再生能源规模扩张"的现实，以及调整我国能源转型政策重心的必要性：应该把加快系统转型置于我国能源转型政策的优先地位上。过去，我国能源转型政策一直以扩大可再生能源规模为直接政策目标。这一政策一直行之有效的前提是现有的能源

（电力）系统存在一定的冗余，有足够的灵活性应对波动性风光电发电量增加。然而，随着我国风光电发电量占比从2020年的10%快速增加到2023年的15%，电力系统的冗余已达到极限。① 这意味着我国能源转型已经进入一个"新"阶段：需要通过加快能源系统根本变革，大幅提高系统灵活性来为可再生能源发展提供更大空间。而且，随着光伏发电和风力发电技术进步带来发电成本大幅下降与竞争力提升，可再生能源发电规模扩张应该主要交给市场，政策重点应该转向难度更大、可再生能源发电企业自身难以解决的系统转型方面来。

第二个问题强配储能政策实际上已经涉及了"系统"问题，其基本逻辑是：电网难以承受风光电大幅增加带来的波动性，因而需要由风光电发电企业配置储能设施来解决。然而，无论从"效率原则"还是从"系统思维"角度，"强制"风电和光伏发电企业配置储能设施的做法都存在诸多值得商榷之处。

首先，从"效率原则"来看，电化学储能目前成本过高，提高电力系统灵活性还有更经济的手段。比如，改变抑制系统灵活性的网络运行规则，在部分负荷增加电转热设备，加快提升负荷灵活性的技术改造和机制构建，增加区域电网联络线，都是提高系统灵活性更有效率的措施。当然，尽快完善电力现货市场与辅助服务市场，提高机制灵活性是当务之急。

其次，从"系统思维"角度来看，用强制风光发电企业配储的方式来解决波动性风光电增加导致的系统平衡问题，实际

---

① 根据欧洲能源转型的经验，当波动性风光电占发电量比重在15%以下时，现有的电力系统可以不做根本性改变条件下能够应对这些波动性，实现系统平衡。不过，15%只是基于欧洲电网架构和电力体制机制下的灵活性情况得到的一个数值。不同国家现有电力系统灵活性情况不同，这一数值也不相同。实际上，当我国发电量中波动性风光电占比在10%左右时，一些地方已经显示出电力系统灵活性短缺的情形。

上是假定现有电力系统是最优的，已经没有提升灵活性的空间和潜力。如前面所分析的，这显然不是事实。波动性风光电规模扩大的应对思路是大幅提高电力系统灵活性，灵活性可以来自电源侧、电网侧，也可以来自负荷侧。决定灵活性资源的提供方来自哪个环节取决于现阶段哪一种灵活性资源更有经济性。

最后，要求达到一定规模的风力发电和光伏发电企业承担的系统平衡责任是合理的，但以强制配储的方式要求风力发电和光伏发电企业承担平衡责任显然是低效率的。风力发电和光伏发电企业是以自建储能设施的方式还是以购买灵活性资源的方式承担平衡责任，应该是企业自主的理性选择。由于目前并不存在企业能够做出这些理性决策的体制机制环境，因而构建有利于发现灵活性资源（包括大规模灵活性资源和本地分散的灵活性资源）及其价值实现的机制才是有效率的系统灵活性提升之道。

第三个问题更值得深思。它意味着即使我们基于能源转型的逻辑优化了政策，也不得不承受能源转型必要的高系统成本。因为高比例波动性可再生能源电力需要比现有电力系统更多的"备用"和其他灵活性资源来平衡系统，导致系统成本大幅度上升。这一结论不存在逻辑问题。有趣的是，德国学者Lion Hirth 等通过长期跟踪"德国平衡悖论"现象再次让我们开了脑洞：① 2008～2023 年德国的风能+太阳能装机容量增加了5 倍，平衡备用容量反而减少了50%，2008～2020 年平衡

---

① Lion Hirth, Ingmar Schlecht, Jonathan Mühlenpfordt, Anselm Eicke. Systemstützende Bilanzkreis Bewirtschaftung：Mitregeln von Marktakteuren zur Stabilisierung des Stromsystems. Finale Version vom 12. November 2023. 下载地址：neon. energy/systemstützende - bilanzkreisbewirtschaftung.

备用（aFFR 和 FCR）价格也下降了 80% 左右。① 这至少表明，波动性可再生能源发电量的增加与备用容量增加不是简单线性关系，而是存在着导致系统成本增速的可能性。

如果我们再进一步拓展思路：随着零碳能源（包括节能）技术成本大幅下降，构建（一个或多个）以终端用户为主的分布式零碳能源（电、冷、热和作为储能介质的产品）系统，而不仅仅是分布式电力系统，同样可以起到降低其系统成本的作用。

总而言之，笔者想强调的是，以化石能源为主的能源系统向以可再生能源为主的零碳能源系统转型，是"百年未有之变局"。其转型的困难和阻碍不只来自实实在在的"利益冲突"，更来自在应对能源转型问题时难以跳出的两百多年来化石能源系统及其体制机制所形成的"惯性思维"，以及由气候变化倒逼的能源转型所伴随的特殊问题和风险。

正如习近平总书记所说的，我们承诺的"双碳"目标是确定不移的，但达到这一目标的路径和方式、节奏和力度则应该而且必须由我们自己做主，决不受他人左右。笔者认为，要将习近平总书记这一要求落到实处，针对实践中的问题进一步深化当前能源转型的微观机制研究，理解"系统思维"和能源转型逻辑对提升能源转型与脱碳"效率"是非常必要的。

本套"国家能源转型与碳中和丛书"就是上述思考的产物。丛书围绕当前我国能源转型与碳达峰碳中和实践中的前沿问题，力图通过系统、深入的理论研究，探寻实践问题背后的理论本质，并通过不同风格的专著传播有关能源转型与碳中和的客观、理性观点。

---

① 2021 年平衡备用价格开始大幅反弹（可能是因为欧洲能源危机），2022 年回升到与 2008 年接近的水平。

　　此外，笔者的研究团队还将与丛书出版机构经济管理出版社密切合作，围绕丛书的写作、出版和推广，通过举办系列论坛、发布会、研讨会、委托研究等方式"聚合"各界志同道合者跨界交流与合作，共同为推动我国走"可持续"的能源转型与碳中和之路尽绵薄之力。

牛彤

2024 年 6 月 10 日

序一

能源转型与气候保护是全球性的紧迫挑战。这些挑战之所以刻不容缓，是因为气候变化的影响已在全球范围内清晰显现。令人欣慰的是，世界各国政府、企业和社会各界已纷纷采取行动应对这一危机。在此过程中涌现的众多技术变革、新产品与解决方案，令人瞩目。

近年来的重要共识是：若没有气候中性氢及其衍生产品（如甲醇、绿氢天然气、氨等），人类将无法实现气候目标。为此，我们必须构建一个覆盖全球市场的全新氢能经济体系：研发新技术并实现规模化应用，开辟新的运输路径并寻找新的合作伙伴。整个能源世界即将迎来根本性变革，一场意义深远的转型已悄然拉开序幕。

以德国为例：2018 年，德国约 3/4 的一次能源依赖进口，且全部为化石能源。我们计划在 2045 年实现气候保护目标，为此需大幅减少一次能源消耗，并在国内生产更多可再生能源。但即便如此，届时仍需进口约 40% 的一次能源载体——关键在于，这些能源载体将不再依赖化石能源，而必须以气候中性氢为基础。我们的能源进口量将大幅减少，但进口的能源形式将彻底改变——这种能源形式目前几乎尚未存在。这项任务如此艰巨，唯赖高度国际合作才可实现。

德国是最早从战略高度应对这些挑战的国家之一。德国能源署 2018 年的《综合能源转型》与 2021 年的《迈向气候中性》两项核心研究，较早提出了氢能必要性的情景分析，此后，大量其他研究和情景分析相继展开。这尤为必要，因为作为全球最重要的工业基地之一，我们必须进行长期思考与规划。为此，德国联邦政府早在 2020 年就通过了《国家氢能战略》（NWS），并于 2023 年对其进行了修订。该战略是构建可持续氢能经济的基石，也是 2045 年实现气候中性目标的核心路径。其目标是将氢能确立为未来的关键能源，最初于 2020 年通过，2023 年修订后进一步强化了这一方向。

氢能战略的核心要素

1. 扩大氢能生产：到 2030 年，德国电解槽装机容量目标提升至 10 吉瓦，较原计划翻倍，重点发展通过可再生能源电解水制得的"绿氢"。同时，通过天然气结合碳捕集（蓝氢）或热解技术（turquoise 氢，暂译"青氢"）生产的氢能将作为过渡技术加以利用。

2. 国际合作：由于德国无法仅靠国内生产满足氢能需求，国际合作伙伴关系至关重要。联邦政府正与挪威、加拿大、澳大利亚等国密切合作，构建长期进口体系，包括投资运输和储存技术（如以氨或液氢形式进口氢能）。

3. 基础设施建设：计划建设约 9000 公里的"氢能核心管网"，部分利用现有天然气管道改造，预计 2027/2028 年投入使用。同时推进进口港口和储存设施建设，确保安全高效的供应。

4. 工业与交通领域应用：重点推动氢能在难以直接电气化的领域替代化石燃料，如钢铁、化工行业，以及重型运输、航空和航运，从而大幅减少二氧化碳排放。

5. 政策支持与市场激励：通过"欧洲共同利益重要项目"（IPCEI）等计划为大型氢能项目提供资金支持，并引入"碳差价合约"（Carbon Contracts for Difference），为企业转向气候友好型生产提供经济保障。

6. 研发创新：聚焦电解、储存和应用技术研发，通过专门测试中心验证新工艺，优化氢能利用的效率和经济性。

总之，氢能战略是德国气候政策的核心组成部分。它着眼于大规模扩大氢能生产、构建国际市场，并将氢能融入多元经济领域。该战略保持技术开放性，明确聚焦可持续解决方案——氢能不仅要助力工业脱碳，更要为能源转型提供关键支撑。

显然，在推动能源经济这一根本性变革的过程中，有许多新知识需要学习，有许多新领域有待探索。为此，我们需要扎实的基础知识与前期准备——无论是物流环节的挑战，还是氢能及其衍生物的不同存在形式。

您面前的这本书，正是对当今学者所需掌握的氢能知识进行的一次非常成功且贴近实际的整理。这是一项了不起的成就，中国石油勘探开发研究院张茜工程师、苗盛工程师、我的长期同事、能源专家陶光远以及祝良瑜女士等多位同仁共同参与完成了这一工作。

对于所有希望深入了解氢能发展并参与其未来进程的人来说，这本书是一个非常出色的指南。结论清晰可见：氢能在全球能源转型中扮演着决定性角色。尽管当前灰氢仍占主导地位，但绿氢被视为所有经济领域脱碳的长期解决方案，而氢能经济的成功取决于技术进步、政策框架和经济发展。目前，欧盟、日本、美国和中国正率先推动相关研究与市场推广，这无疑是积极的信号——氢能将成为可持续未来的关键基石，尽管实现这一目标仍需漫长的过程。

安德烈亚斯·库尔曼

2015~2023 年担任德国能源署（dena）署长

序二 《氢启未来，德润能源》

我与作者陶光远先生相识长达 20 余年，初识时，他是中国可再生能源学会中德交流中心主任，而我担任学会的氢能专业委员会主任。光远先生为人热情坦诚，工作积极高效，他总是以饱满的激情引进国外先进理念和技术，为我国可再生能源领域注入了新的活力。光远特别注重实践，曾成功引进德国零碳园区理念，推动中国第一座被动太阳能房屋和农田光伏项目的成功落地，雾霾期间，试制简易空气过滤器；这些成果不仅展现了他脚踏实地的风格，也让我对他充满了敬意。近年来，光远先生又将目光投向氢能，为央企出谋划策，出版氢能专著，邀请我为其新书作序，欣然应允。

在全球气候变暖的严峻挑战下，碳中和已成为世界各国共同追求的目标。在这一历史性的转型过程中，氢经济以其独特的潜力和优势，正逐渐成为引领未来能源变革的关键力量。《面向碳中和时代的氢经济和产业链》一书，恰如其分地为我们揭示了氢经济的奥秘，勾勒出一幅未来能源发展的宏伟蓝图。不过，今天上台的美国第 47 届总统特朗普极有可能会撤销拜登政府的气候政策，包括《通胀削减法案》（IRA）。特朗普还可能会放松对化石燃料的监管，推动更多油气开采，会显著减缓美国的碳中和进程，对全球气候目标构成威胁。然而，由于全球技术创新和碳中和行动的存在，完全逆转碳中和趋势的可能性较小，但未来减排的难度和成本可能会大幅增加。

氢，宇宙中最为丰富的元素之一，却在地球上以单质形式存在稀少。氢燃烧时释放的能量巨大，且几乎不产生污染物。这些特性使得氢在能源领域的应用前景广阔。从传统的化工原料到未来的清洁能源，氢的角色转变预示着一场深刻的能源革命。本书深入探讨了氢元素的物理与化学特性，为读者奠定了坚实的科学基础。通过对氢气的密度、燃点、爆炸极限等特性的剖析，让我们清晰地认识到氢作为一种能源载体的潜力与挑战。

在氢经济的篇章中，作者详细阐述了氢作为材料和能源的双重身份。在化工领域，氢是合成氨、甲醇等重要化学品不可或缺的原料；而在能源领域，氢燃料电池的高效能量转换，使其成为替代传统化石燃料的理想选择。特别是在交通运输、发电和储能等方面，氢的应用将极大地推动能源结构的优化和升级。书中对氢经济的全面解读，不仅让我们看到了氢在减少温室气体排放、提高能源安全方面的巨大贡献，更让我们意识到氢经济对于全球可持续发展的深远意义。

本书对氢产业链的剖析尤为深入。从氢的制备、储运到应用，每一个环节都至关重要。在制氢技术方面，作者对比了化石能源制氢、蓝氢、绿氢等多种技术路线，详细分析了它们的成本、效率和环境影响。随着可再生能源的快速发展，绿氢以其零碳排放的优势，将成为未来氢经济的主流。而在储运环节，气态、液态和固态等多种储氢方式的探讨，以及氢的物流模式的创新，为解决氢的大规模应用提供了关键思路。书中对氢产业链的全面梳理，让我们清晰地看到了氢经济从实验室到商业化应用的可行路径。

在国际视野下，本书对欧盟、日本、美国等国家和地区的氢经济战略与实践进行了深入研究。欧盟的氢经济战略以气候中性为目标，通过发展清洁氢技术，推动工业、交通等领域的深度脱碳。日本则凭借其在氢能技术方面的领先地位，积极探索氢能的多元化应用，从家用热电联供到氢能汽车的推广，展现了氢能社会的雏形。美国则凭借其丰富的资源和强大的科研实力，在氢能制备、储运和应用等方面进行全面布局，力求在全球氢经济中占据重要地位。这些国家和地区的实践经验，为我们提供了宝贵的借鉴，也为我国氢经济的发展提供了重要的参考。

聚焦中国，我国2025年元旦生效的能源法已将氢能列入我国国家能源体系。本书对中国氢经济的发展现状和趋势进行了深入分析。中国作为全球最大的能源消费国之一，面临着能源安全和环境保护的双重压力。氢经济的发展为中国提供了一条实现碳中和、优化能源结构的新路径。书中指出，中国在制氢环节具有丰富的资源和成熟的技术，但在氢的应用和物流方面仍需加强。通过对氢能汽车、化工、发电等领域的应用前景分析，让我们看到了氢经济在中国的巨大潜力。同时，书中也强调了政策支持、技术研发和基础设施建设在推动氢经济发展中的重要作用。

氢启未来，德润能源。从哲学视角来看，本书的长远意义在于其对能源转型的深刻洞察和对可持续发展的追求。道德经中提到"道法自然"，强调顺应自然规律的重要性。本书所倡导的氢经济正是顺应自然规律的能源转型之路。氢能作为一种清洁能源，其开发和利用符合自然界的可持续发展原则。书中对氢经济全产业链的探讨，体现了对自然规律的尊重和顺应，为人类社会的可持续发展提供了新的路径。本书在探讨氢经济时，不仅关注技术层面的创新，还强调了政策引导和市场机制的重要性。通过合理的政策引导和市场机制，可以促进氢经济的健康发展，实现能源转型的"无为而治"。

《面向碳中和时代的氢经济和产业链》一书，不仅是一部关于氢经济的学术著作，更是一本指引未来能源发展的指南。它以科学的视角、全面的分析和前瞻性的思考，为我们揭示了氢经济的无限可能。在碳中和的时代浪潮中，氢经济正以其独特的优势，引领着全球能源转型的方向。让我们携手共进，开启氢经济的大门，迈向一个清洁、高效、可持续的能源未来。

国际氢能协会（IAHE）副主席
清华大学核能与新能源技术研究院责任教授

2025 年 1 月 21 日于清华大学荷清苑

目　录

第一章　氢元素、氢经济和氢产业链

第一节　氢元素的物理与化学特性

氢是一种化学元素，其元素符号为 H，原子量为 1.00794，是原子量最小的元素。氢有三种同位素，分别为氕（1H）、氘（2H）、氚（3H）。

氢气，由两个氢原子组成，化学式为 H_2。氢气是世界上已知的最轻气体，在标准状况（1 个标准大气压）下，1L 氢气的质量是 0.0899g，密度只有空气的约 1/14。当然，氢气也并非仅以氢气的形式出现，在标准大气压下，温度为 −252.87℃时，氢气可转变成无色的液体，液体密度为 70.78kg/m^3；当温度为 −259.1℃时，液态氢又可变成雪状固体。若将压力增大到数百个大气压，液氢就可变为固体氢[1]。

氢是宇宙中分布最广泛的物质，构成了宇宙质量的约 75%。在地球大气中只存在极稀少的单质氢。在地球上，如果按质量计算，氢只占地球不到 1% 的质量，而如果按原子百分数计算，则占 17%。在地球上，氢主要与氧结合，以水的形式存在，在地球表面几乎无处不在。氢广泛存在于有机化合物中。氢也存在于埋藏在地下的石油、天然气和煤炭中。植物和动物含水，所以氢也存在于植物和动物中，在地球中所占的比例不高。

在常温常压下，氢气是一种无色透明、无臭无味的气体，但极易燃烧。同时，氢气的燃速极快，往往是以爆炸的形式燃烧。因此，其危险性级别为 R12，即极端易燃。

2011 年 3 月 11 日，继日本近海发生 9.0 级大地震之后，福岛第一核电站的 1-4 号核反应堆由于冷却系统的紧急供电系统遭到海啸水淹破坏而发生氢气爆炸，导致核泄漏。氢气爆炸的原因是反应堆内部的冷却水蒸发后没有得到及时的补充，核燃料棒束未被冷却水完全浸没而处于裸露状态，燃料棒的外壳锆在高温下与水蒸汽发生锆水反应，产生二氧化锆和氢气，在高温下，氢气与空气中的氧气结合，发生剧烈的燃烧爆炸。

第二节　氢经济

一、氢作为材料使用

氢作为化合物的组成部分，用途非常广泛，氢与氧的化合物是水（H_2O），而水无处不在，无处不用。另外，石油化工和煤化工中的碳氢化合物及其产品也含有大量的氢。自然界中的生物有机化合物中也含有大量的氢。

氢的传统用途是作为化学工业的中间产品，我国是世界上最大的制氢国，年制氢产量约 3300 万吨[2]，主要用于生产氨、甲醇和用于炼油的加氢脱硫以及加氢裂解等工艺，也有一部分不得不当燃料烧掉了。制氢的主要原料是煤和天然气，另外还有工业副产氢，主要来自焦炭和半焦（俗称兰炭）的干馏工艺，氯碱工业，以及石油化学工业过程（如乙烷脱氢制乙烯）[3]。另外，钢铁等工业领域副产大量的一氧化碳（CO），而一氧化碳与水在高温下反应生成二氧化碳和氢，因此一氧化碳亦可看作制氢的氢资源。

二、氢作为能源使用

氢能是氢在发生化学变化和电化学变化过程中产生的能量，氢气在空气中燃烧时与氧气结合生成水。氢气的单位容积能量密度低，单位容量氢气在燃烧时产生的高热值为 $12.789MJ/m^3$（约为 $3.55kWh/m^3$），低热值为 $10.779MJ/m^3$（约为 $3.0kWh/m^3$），约为天然气的 1/3；但氢气的单位重量能量密度高，单位重量氢气在燃烧时产生的高热值为 $141.86MJ/kg$（约为 $39.5kWh/kg$），低热值为 $120.0MJ/kg$（约为 $33.4kWh/kg$）[4]，约为柴油的 3 倍（注：高热值指计入氢气燃烧后产生的水蒸气的蒸发热，低热值指不计入氢气燃烧后产生的水蒸气的蒸发热）。

人类对火利用的开始，就是人类对燃料利用的开始。最初的燃料是木材，从 18 世纪后，蒸汽机的出现推动了工业的发展，人类开始进入"煤炭时代"。而无论是可再生的木材，还是后来被人类使用的不可再生的煤炭、石油、天然气等这类化石燃料，在燃烧时，燃料中的碳均与空气中的氧气结合形成二氧化碳气体。随着时间的推移，人类对燃料的需求日益增长，化石能源燃烧时产生的二氧化碳大量排放一步步威胁到了人类自身。二氧化碳具有吸收地球表面向太空辐射的红外射线的作用，随着大气中二氧化碳浓度的增加，会在大气中形成一层无形的玻璃罩，减少了地面的热量向太空的扩散，使得地球表面温度升高，加剧了温室效应。而这样的后果，使南极和格陵兰岛上广袤而很厚的冰川消融将大量的水流入海中，使得海平面上升，淹没大量的陆地，特别是人口密集、经济发达的河口地区，并使得极端天气增加，进而引起暴雨和洪灾等自然灾害，破坏了生态环境。

煤炭、石油、天然气是不可再生资源，需要在自然界中经过亿万年才能形成，短期内无法恢复。自从工业时代到来，人类对煤炭、石油、天然气就开始进行了开采；进入 21 世纪后，大规模的开采及使用已经使得地球上化石能源的储量急剧减少，而燃烧化石能源使得大气中的二氧化碳浓度急剧增加，已经从 18 世纪工业革命前的不到 200ppm（百万分之一）增加到现在的超过 400ppm，而且现在还在以每年超过 2ppm 的速率增加。这使得地球的温室气体效应越来越严重。总有一天，会使得人类在地球上的生存环境达到非常恶劣的程度。因此，对于不排放二氧化碳的新能源替代化石能源的探索及利用变得尤为重要。

未来的能源世界中，一次能源将以风、光、水和生物质能为主，还包括核能。电能是最重要的二次能源，氢能次之。氢能与电能一样，可以用可再生能源制取。未来大部分氢会用可再生能源生产的电力电解水制取。与电能相比，氢能有两个很大的优点，就是可存储性和易携带性。除了能量存储能力很小的电容器可以直接存储电荷外，电能存储需要转换为其它能量，如势能（抽水蓄能电站）和化学能（蓄电池）等。特别是在移动设备领域，需要用氢能替代燃油。氢能存储库的单位储能量成本较低，因此可实现季节性存储，这是抽水蓄能和化学蓄能所不具备的。从替代燃油的角度看，使用氢能也是解决我国油气资源短缺、大比例依赖进口因而削弱油气供应安全问题的基本对策之一。另外，使用氢能，几乎没有大气污染物排放。因为使用氢燃料电池时没有氮氧化物排放，而氢气在燃烧时仅有极少量的，但用氢气则可很容易地将其分解消除。

第三节 面向碳中和时代的零碳氢经济和氢产业链

氢经济的整个产业链分为三个环节：一是生产氢，二是氢及其衍生化学品的物流——运输、储存和转换氢能，三是应用氢能，这三个环节必须紧密连接。因此，氢产业链比起传统的化石能源产业链要复杂得多。

当今氢的生产主要以化石能源为原料，绝大部分使用煤炭气化制氢或天然气和水蒸汽重整制氢。由于这种灰氢生产工艺会产生大量的二氧化碳，所以这两种工艺生产的氢通称为灰氢。为了避免制氢过程中向大气中排放二氧化碳，所以考虑使用其它生产工艺作为替代方案，例如，蒸汽甲烷重整与碳捕获与封存（Carbon Capture and Storage，CCS）（蓝氢）结合使用或甲烷热解（青氢，也被称为绿松石氢）。随着可再生能源的供应持续增长而成本降低，使用可再生能源生产的电力电解水生产氢（绿氢）将成为未来可持续的、无温室气体排放的氢的主要生产途径。

当今氢主要是在生产氢的当地使用，氢往往是一个生产企业中的中间产品。未来制氢项目会在各方面条件更为有利的地点实施，而不一定在使用氢的地点。而在常温下，氢呈气体形态，其体积能量密度很低，只有天然气的约 1/3。因此，氢能的物流——运输、储存和转换比其它能源的物流成本要高且复杂得多。

解决氢的物流问题在未来将会变得更加重要。最简单的实现方式是，将氢混入现有的天然气管道中或使用专用的氢气管道或利用加压容器进行运输。不过，由于气态氢的体积能量密度低，加上运输距离有限，其它形式的氢运输需求也会有相当的增加。像所有其它气体一样，氢气也可以在低温液化后，以液态形式进行运输。此外，化学存储形式，例如转化为氨、甲醇或使用液态有机氢载体（Liquid Organic Hydrogen Carrier, LOHC），也成为其它具有高潜力的氢存储和氢物流技术。但是，这种供应链上的额外转换流程将导致整体能效的降低。

除了当前将氢用作工业原料之外，将来使用氢作为能源载体将具有更高的重要性，尤其是在那些难以实现电气化的领域。对于如重化学工业和长途重载运输等领域而言，使用氢及其衍生物是整体去化石能源最可行的解决方案。

随着氢在全球能源系统中的整合，在很多情况下，氢作为原料和能源应用之间的界限也变得模糊，因为氢经常同时用于这两个目的。

除了目前在（石油）化工和化肥行业中使用氢气以外，未来钢铁行业还将特别受益于氢气作为原料和能源载体，用来替代使用的焦炭和精煤来实现钢铁行业的零碳生产。此外，在电力和生物质能源技术上不可行或不具有成本效益的领域，氢气可以提供高温工业热。在重载公路运输、铁路运输和乘用车等陆地交通中，氢在燃料电池中的直接应用比电池供电的纯电动驱动具有更长的里程，并且比燃油有更高的转换效率。在建筑领域，氢气可以成为当前天然气供热系统的补充，并且可以掺入现有的天然气管道中。最后，氢有能力成为在未来消纳和补偿最主要的可再生能源电力——风光电波动的最大稳定机制之一：电解水制氢工厂可以作为灵活负载消纳过剩的风光电；而储存在大型氢库中的氢可在风光电满足不了电力需求时提供补偿电力。由于氢的存储成本低、存储容量大，因此可提供长时间的特别是季节性的补偿电力，而这是抽水蓄能、蓄电池和压缩空气储能等短时储能模式无法提供的。

氢主要应用在下述四个领域：

交通运输：氢燃料电池+电动机驱动替代燃油+内燃机驱动。

化工：生产氨和碳氢化合物。

发电：替代燃煤和燃气，作为零碳的季节性补偿电源主力，也包括季节性的热电联供。

冶金：替代焦炭和煤炭作为还原剂和能源。

第二章 氢经济产业链

氢经济产业链分为制氢、储氢、运氢、加氢（储氢、运氢、加氢这三个环节可合并为氢的物流环节）、用氢等环节。其中，制氢技术包括化石能源制氢、化石能源结合碳捕获与封存技术制氢、电解水制氢等。氢的储运技术可分为物理储运氢和化学储运氢两大类别。其中，前者包括高压气态罐装、低温液化罐装、气态管道运输等；后者包括无机储氢材料和有机储氢材料。氢目前主要应用在能源、钢铁冶金、石油化工等领域，随着顶层政策设计的实施和氢产业技术的快速发展，氢的应用领域将呈现多元化拓展，在储能、燃料、化工、钢铁冶金等领域的应用将越来越广泛[5]。

第一节 氢的制备

在人类生活的地球上，氢是最为丰富的元素，且分布十分广泛，几乎可以在所有的有机物、水和碳氢化合物中找到。然而，自然界中探明的纯氢非常少，主要存在于大气中，大气中的氢气含量仅为 0.5ppm（即二百万分之一），而且大多数集中在大气层的顶层。因此，必须通过某种方法从氢的化合物中提取纯氢。最常见且几乎随处可得的含氢物质是水，其次还有含有氢元素的各种化合物，例如天然气、石油以及各种生物质等。

制氢工艺主要通过原料类型、能量载体、二氧化碳排放量和技术就绪指数 TRL 等指标进行分类和评估[6]。近年来，人们普遍使用所谓的氢配色方法来区分制氢所使用的原料和能量载体。技术就绪指数 TRL 是在航天领域发展起来的对技术成熟程度进行评价的方法。该指数为 1 表示新技术的开发水平非常低，仅有基本的工作原理。该指数为 9 则表示技术已完全成熟，并具有在工业应用和可靠性方面的良好记录。表 2-1 用上述指标概述了最常见的制氢技术。

表 2-1　常见的制氢技术分类

生产流程	基于化石能源	基于化石能源结合碳捕获与封存	甲烷热解	可再生电力电解水
颜色代码	灰	蓝	绿松石	绿
生产原料	天然气、煤炭	天然气、煤炭	天然气	水
能源供应	天然气、煤炭	天然气、煤炭	可再生能源	可再生能源
生产成本（￥/kg H_2）	6~11	8~14	18~22	17~50
温室气体排放（kg CO_2/kg H_2）	9~25.3	1~7.3	6.1~13.7	0~0.9
技术就绪指数	TRL 9	TRL 7~9	TRL 3~4	TRL 6~9

还有一些其它的氢气颜色代码，譬如核能电解水制备的黄氢，但是由于其前途难卜，在欧盟，不是氢能示范项目的重点。

氢不仅一直是许多化工产品的重要组成部分，而且近年来使用氢作为能源载体也受到了越来越多的关注。几乎所有依靠化石能源为燃料的应用都可以使用零碳工艺制备的氢和其衍生物来达到去碳化，从而实现二氧化碳的零排放。由于过多的温室气体（GHG）排放导致全球气候变化的威胁日益加剧，因此氢和其衍生物成为解决温室气体排放方案的重要组成部分。

如果地下埋藏的白氢量有限的话，未来二氧化碳零排放的制氢方法主要分为绿氢和蓝氢两种。但现在绿氢和蓝氢的产量不到氢产量的1%。

欧盟各国现在的示范项目进行验证的制氢技术均为制绿氢和制蓝氢，有些应用和物流示范项目使用灰氢也仅是利用，以节省示范项目的资金投入。

一、制氢的技术

（一）化石能源制氢（灰氢）

灰氢是指使用化石能源作为原料制备的氢，在制氢的过程中产生二氧化碳排放。现在全球的氢绝大多数来自灰氢，即使用天然气和煤炭等化石能源制备的氢。

在欧盟国家，德国是最大的氢生产国，2021年德国的氢气产量为200多万吨/年。除了少量的工业副产氢，灰氢的生产几乎全部使用天然气制备。氢被大规模使用在炼油、合成氨和其它化学工艺中。德国现在总共有70座工厂有天然气制氢工艺。

相比之下，中国2023年的制氢量超过4000万吨，是全球制氢量最大的国家。中国各种制氢方式在总制氢量中的占比如图2-1所示。

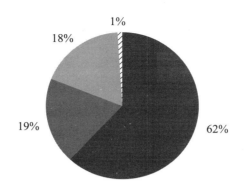

图 2-1　中国各种制氢方式在总制氢量中的占比

1. 天然气或其它烃类制氢

蒸汽甲烷重整（SMR）是当前生产过程成本最低、使用最广泛的制氢技术。蒸汽甲烷重整工艺的原料通常是天然气，而其它液态烃，例如甲醇、液化石油气（LPG）、石脑油或柴油也是可能的原料。蒸汽甲烷重整工艺包括两个主要工艺步骤：重整（在 800℃～900℃ 和 10～30bar 即 1.0～3.0MPa 的压力下）和水煤气变换反应。重整工艺是在高温下甲烷与水蒸汽发生反应，生成氢气和一氧化碳，这个反应是吸热反应，因此很大一部分天然气要燃烧掉用来提供重整工艺需要的热量；水煤气变换反应是在比重整反应温度低的高温条件下一氧化碳和水蒸汽发生反应，生成氢气和二氧化碳。

图 2-2 显示了整个蒸汽甲烷重整过程。自热重整（ATR）结合了部分氧化和蒸汽甲烷重整的流程。由于部分氧化过程提供了随后吸热反应所需的热量，因此提高了能源转换效率。

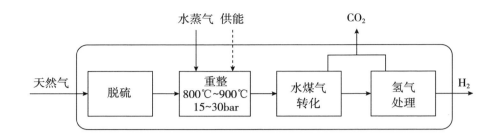

图2-2 使用蒸汽甲烷重整（SMR）生产灰氢的示意图

2. 煤炭制氢

煤炭制氢的技术是将煤炭气化，让煤炭在氧气中不完全燃烧，生成一氧化碳；而后在比煤炭气化温度低的高温条件下给一氧化碳中加入水或水蒸气进行水煤气变换反应，生成氢气和二氧化碳，并将二氧化碳排放到大气中。现在也有将这两个环节结合在一起的制氢工艺，以提高能源效率。由此制备的氢属于灰氢。

当然生物质也可用于气化制氢，其生产工艺与煤炭气化制氢相近。不过因为排放的二氧化碳是生物质最近从大气中捕捉的，所以在统计上不计为产生温室效应的气体，制得的氢气仍归为绿氢。

3. 工业副产氢

工业副产氢的二氧化碳排放是有些工艺中不可避免的产物。因此利用工业副产氢的二氧化碳减排效果只是在氢的不同应用之间进行比较。譬如，在炼焦厂，如果把混在炼焦煤气中的氢气在燃气锅炉中燃烧产生蒸汽发电，替代燃煤发电，1kg氢可发电约10kWh；燃煤发电厂发10kWh的电力，需要燃烧大约3kg标准煤，需要排放约8kg二氧化碳；1kg氢在氢燃料电池汽车上给车轮提供的能量，相当于大约 6L 柴油在内燃机汽车上给车轮提供的能量，6L 柴油燃烧产生的二氧化碳是 15kg。因此，使用 1kg 工业副产氢气给氢燃料电池汽车使用，二氧化碳减排量比替代燃煤发电高 7kg，且不说 6L 柴油的价格数倍于 3kg 标准煤。

所以，使用工业副产氢供氢燃料电池汽车使用，而不是作为发电燃料替代煤炭燃烧，可以大大减少二氧化碳的排放。中国工业年副产氢约为 600 万吨，主要来自于焦炭和兰炭（半焦）厂。如果有 50% 即 300 万吨的副产氢供氢燃料电池汽车使用，就可以替代大约 180 亿升（折合约 1500 万吨）柴油，可减少大约 2100 万吨二氧化碳的排放，附带还降低了汽车的燃料成本，减少了原油的进口，增强了国家的能源供应安全。因此，应该大力鼓励使用工业副产氢应用于氢燃料电池汽车。

另外，钢铁等工业领域每年还副产大量的一氧化碳，如前所述，一氧化碳可以通过水蒸汽变换反应生成氢和二氧化碳。在中国，仅钢铁工业每年产生的一氧化碳就可制备数百万吨的氢。这些一氧化碳——潜在的氢资源大部分被燃烧用来发电。如果用来生成氢气，供氢燃料电池汽车使用，每年可减少数千万吨柴油汽车燃烧柴油排放的二氧化碳，还可增强国家的能源供应安全。

4. 用现在电网中的电力电解水制氢

现在电网中有大比例的化石能源电力，使用化石能源生产的电力制氢，成本高，二氧化碳排放量高，因此不宜作为未来的制氢技术，仅可作为小规模氢能应用试验系统使用。

如果要使用电网中的可再生能源电力制绿氢，就需要在电网中的可再生能源富裕时启动电解水装置制氢，而在可再生能源短缺时停止电解水装置的运行。但现在电网中可再生能源电力富裕的时间不多，用这种模式制氢电解水装置运行的时间较短，因而设备的折旧成本较高。只有当电网中可再生能源电力富裕的时间比例较高时，用这种模式电解水制氢才是有经济性的。

（二）基于化石能源并使用碳捕获与封存技术制氢（蓝氢）

在欧盟各国，现在的氢能示范项目进行验证的制氢技术均为制绿氢和制蓝氢，有些应用和物流示范项目使用灰氢也仅是利用现有的灰氢生产能力。制蓝氢的技术有蒸汽甲烷重整制氢结合碳捕获、利用与封存（Carbon Capture，Utilization，and Storage，CCUS）；收集化工尾气后膜分离提取氢并进行碳捕获（蓝氢）。

1. 天然气或煤炭等化石能源制氢+CCUS

蓝氢与灰氢的生产过程相同，使用天然气或煤炭等化石能源制氢，不同的是需要将制氢过程中产生的二氧化碳进行捕获与封存（见图2-3）。与灰氢相比，制蓝氢的成本有很大的不确定性，这是因为碳捕获与封存（Carbon Capture and Storage，CCS）的技术可行性和成本取决于地质构造，而且该技术现在还不是被大规模应用的工业技术。因此，未来能否大量使用蓝氢还未有定论。

通过在常规的化石能源制灰氢的过程中结合CCS工艺，可以将蓝氢的直接 CO_2 排放减少53%~90%[7]。二氧化碳捕获主要基于吸收技术，但也增加了整个过程的额外复杂性并造成低效率。捕获的 CO_2 可以气态形式存储，避免释放到大气中，从而避免造成气候变化。二氧化碳可以在地层中的地下盐层或油

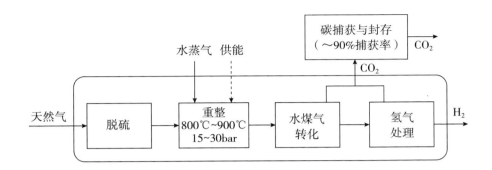

图 2-3　结合了碳捕获与封存（CCS）的蒸汽甲烷重整（SMR）工艺生产蓝氢的流程

气枯竭层长期储存。但这需要在油气田附近制氢或者需要具有用于运输捕获的二氧化碳的基础设施。截至 2021 年，全球仅运营 26 个碳捕获与封存（CCS）设施，累计存储容量为每年 4000 万吨二氧化碳[8]。由于多种原因，许多研究机构对于 CCS 技术持批判态度。批评的第一点是存储结构的长期安全性和可靠性，而这是能否有效缓解气候变化的重要因素。批评的第二点主要集中在 CCS 技术的经济性方面，因为该过程需要大量的投资，而且由于增加了能耗，额外增加了化石能源的消耗。

　　但是天然气生产大国为了其天然气产业的未来发展，特别支持蓝氢项目。在欧洲，挪威天然气资源丰富，是天然气出口大国，希望未来基于天然气生产蓝氢，所以将蓝氢列为氢产业链中示范项目的重点之一。

　　2. 甲烷热解制氢（青氢）

　　氢气也可以通过甲烷分解过程产生，此过程通常称为甲烷热解（见图 2-4）。

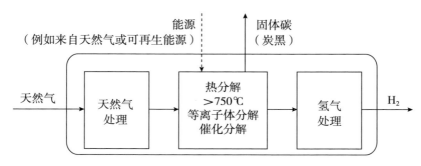

图 2-4　甲烷热解法生产青氢的流程图

由甲烷热解获得的氢称为青氢或蓝绿氢（绿松石呈蓝绿色）。在此过程中，甲烷直接分解为氢和基本的固态碳，不会释放出 CO_2 气体[9]。分解过程的主要目的是制氢。而固体碳作为副产品，可用作工业原料（炭黑、烟灰）或置放于垃圾填埋场中。

甲烷热解的方法已经有几十年历史，并且已经用于商业生产炭黑。不过甲烷热解制氢技术尚未商业化，也没有大规模工业应用。因此，以氢气为最终产品的甲烷热解技术成熟度水平不高，估计为 TRL 3~4[10]。

甲烷热解有三个工艺：热分解、等离子体分解和催化分解。等离子体分解在技术上是最成熟的，其技术就绪指数 TRL达到 8。但是这些甲烷热解工厂是为生产炭黑而建造的，附带供应不纯的氢作为副产物。以制氢为主要目的的工厂目前还停留于研究和试验规模上。对于大规模的工业应用而言，甲烷热解制氢仍需要克服的主要困难是，在高温下达到高转化率，同时保持令人满意的产品质量。另外，其副产品固体碳是个问题，因为它可能导致设备沉积甚至堵塞。该技术仍处于研究阶段，还看不到大规模工业化应用的前景。不过近年来该领域的研究活动一直在增加。

（三）可再生能源发电电解水制氢（绿氢）

绿氢是用可再生能源所产生的电力电解水获得的。不同于上文提到的技术，绿氢的原料仅是水，将其分解为氢和氧（见图2-5）。这意味着不存在与生产工艺直接相关的二氧化碳排放。此生产工艺使用的最终能源是电力。目前，全球电解水生产的氢不到氢总产量的0.1%。由于用于电解的电能可能不完全产自可再生能源，因此，其中绿氢的份额更低。

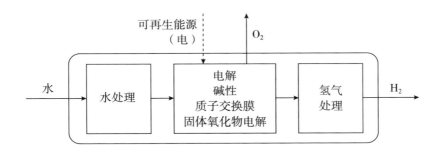

图2-5　绿氢的制备流程图

绿氢的制氢技术包括：碱性电解水制氢（AEL）、质子交换膜电解水制氢（PEM）、固体氧化物电解水制氢（SOEC）和阴离子交换膜电解水制氢（AEM）。目前这四种主要电解技术具有或多或少的工业应用技术成熟度。表2-2简要概述了不同的电解技术，并描述了其技术就绪指数。另外，还有一些其它用于生产绿氢的技术，例如太阳能热分解。目前还很难预测这些技术的应用前景，因此不对其进行详细介绍。

表 2-2　主要电解技术及特点概述[11-12]

	碱性电解	质子交换膜电解	固体氧化物电解	阴离子交换膜电解
运行温度	60℃~80℃	50℃~80℃	650℃~1000℃	<60℃
运行压力（MPa）	0.1~3	3~8	0.1	0.1~3
电制氢效率	63%~70%	56%~60%	74%~81%	−62%
技术就绪指数	9	6~8	4~6	4
电堆寿命（h）	60000~90000	30000~90000	10000~30000	>30000
负荷范围	10%~110%	0%~160%	20%~100%	不详
工厂占地面积	$0.095m^2/kW_{el}$	$0.048m^2/kW_{el}$	不详	不详

1. 碱性电解水制氢（AEL）

碱性电解技术是目前最成熟的电解水制氢技术，电制氢转换效率高，已超过 70%[13]，成本也是最低的。目前中国已经完全掌握了这种制氢技术，并且将这种制氢技术的成本不断降低。2024 年底，大型碱性电解水制氢系统的价格已经下降到了 2000 元/千瓦以下。中国电解水制氢的大部分示范项目均采用了这种技术。在欧盟经济发展水平较低的国家，这种技术在氢能示范项目中的应用比例也较高。

碱性电解的技术就绪指数（TRL）为 9，是成熟的电解技术。自 20 世纪 20 年代以来，此技术一直在工业中应用，主要用于化肥和氯碱工业。碱性电解是在 60℃~80℃ 和最大压力为 30MPa 的条件下进行的。电解槽的特征在于其碱性电解液，它通常由氢氧化钾（KOH）或氢氧化钠（NaOH）组成。碱性电解槽通常有较高的电制氢转换效率，可超过 70%。与其它电解技术相比，在大尺寸的设备中碱性电解的电流密度较低。此外，对电解液进一步处理的设备需要更多空间。碱性电解槽的负荷范围介于其额定容量的 10%~110%。

2. 质子交换膜电解水制氢（PEM）

质子交换膜电解技术于 20 世纪 60 年代被开发出来，以解决碱性电解槽的一些问题，例如低电流密度或相对较低的压力。凭借数十年来在各种项目中的开发和应用，质子交换膜电解技术目前的技术就绪指数（TRL）为 8。与碱性电解技术不同，质子交换膜电解技术不需要液体电解质。电解槽的阳极和阴极之间被质子传导膜隔开，该膜完全浸没在水中[14]。

与碱性电解相似，质子交换膜电解的运行温度在 50℃~80℃，相对适中。由于气密的分离膜，质子交换膜电解槽可以达到更高的气压，最高可达 8MPa。这可以降低对产生的氢气的额外压缩的需求。但是，质子交换膜电解槽的电制氢转换效率略低于碱性电解槽，最高可达 60%[12]。

质子交换膜电解是一种应用前景广阔的电解水制氢技术，因此成为欧盟绿氢示范项目的重点。与碱性电解相比，质子交换膜电解槽设计用于更动态的运营，尤其适用于部分超负荷的情况。此外，质子交换膜电解槽具有直接从无功率状态启动的能力，这使其非常适合使用波动的风光电。鉴于在质子交换膜电解技术上的大量投资，预计其成本和性能将很快可以达到碱性电解技术的成本和性能。在欧盟经济发展水平较高的国家，这种技术在氢产业链中的示范项目中的应用比例较高。中国也在开发质子交换膜电解技术，并在一些实验项目中得到应用。

3. 固体氧化物电解水制氢（SOEC）

固体氧化物电解是生产绿氢的另一种具有潜力的电解技术。相比于碱性电解或质子交换膜电解，固体氧化物电解发生在 650℃~1000℃ 的更高工作温度下。这也为利用来自工业高温废热提供了各种可能性，从而产生有益的协同作用。

但是与碱性电解或质子交换膜电解相比，它还是不成熟的技术，其技术就绪指数（TRL）估计为4~6。由于温度高，固体氧化物电解（SOEC）具有高达81%的电氢转换效率的优势。但是当必须通过电产生高温热量时，电制氢转换效率会大大下降[15]。高温操作的特殊性质还带来了一些困难，这些困难对于大规模应用来说是必须解决的。

4. 阴离子交换膜电解水制氢（AEM）

阴离子交换膜电解是电解水生产氢的一项全新技术。阴离子交换膜电解技术融合了碱性电解和质子交换膜电解技术的优势。该技术不需要使用贵金属作为催化剂，这可以帮助降低材料成本。但尚未大规模应用，因为其技术还远未成熟，其技术就绪指数仅为4。据报道，阴离子交换膜电解槽的电制氢效率可达62%。阴离子交换膜电解技术仍然面临一些关键难题，例如稳定性和寿命限制以及性能低。这使得其未来几年的大规模应用成为疑问[11]。

绿氢的一次能源大部分来自：使用陆上和海上风电电解水制氢，太阳能发电电解水制氢，水力发电电解水制氢，利用高温余热（如钢铁企业）参与高温电解水制氢以降低制氢的电耗。而生物质制氢采用与煤制氢相同的工艺制氢，制取的氢也属于绿氢。

欧盟现在进行的电解水制氢的绿氢示范项目，主要是为了改进电解水制氢技术和降低成本，促进欧盟电解水制氢技术和设备制造业的发展。为了促进氢能汽车产业的发展，欧盟并不顾及在短期内大部分加氢站的氢气主要来自用天然气制的灰氢。中国现在正大力促进电解水制氢技术和设备制造业以及氢能汽车产业的发展，而且中国每年生产大量的灰氢，欧盟的这种做法值得中国参考借鉴。

欧盟大部分制氢示范项目是用风光电制绿氢[16]。

欧盟规划未来氢主要来自于绿氢（电解水制氢），主要有三个来源：

第一个来源是在地中海沿岸，即欧洲南部太阳能资源丰富的地区（如西班牙）和邻近欧洲的北非、西非地区，用可再生能源电力制氢。这些地区有面积浩瀚的荒漠，太阳能辐射量高达年均 $2000\sim2800kWh/m^3$。2030 年，在南欧和北非太阳能资源丰富的地区，光伏发电的成本预计仅为 1 欧分/千瓦时左右；在这些地区，日照小时数超过 3000 小时，电解水制氢装置的工作时间长，用光伏发电制氢的成本很低。风力资源也较丰富，很多地区的风力年利用小时数接近 4000 小时；而且在阳光辐射较弱的冬季，地中海沿岸的风力较强，正好与太阳能发电形成互补关系。因此，欧盟计划未来在这些地区大量使用光伏和风力发电电解水制绿氢，而后通过长距离管道将氢气输往欧洲各地，或者转换成液氨、甲醇、液氢或液态有机氢载体，通过海运运输到欧洲各地（各种运输模式的技术可行性和经济性正在通过示范项目进行论证）。

在这方面，西班牙的 HyDeal 示范项目的规模和成本目标引人注目：67GW 电解水制氢，氢气产能 360 万吨/年。项目涵盖整个绿氢产业链，目标是到 2030 年以 $1.50\ \text{€/kg}\ H_2$ 的价格向南欧和中欧提供绿氢。考虑到 1kg 的氢到氢燃料电池汽车上的动力相当于 6L 柴油到柴油汽车上的动力，而扣除燃油税的柴油价格，近年来也超过 $0.50\ \text{€/L}$。氢以这个价格作为机动车的能源，成本明显低于柴油。

第二个来源是使用欧洲近海利用小时数高达 4000 小时左右的海上风电制氢，用氢气管道运输到各地。海上风电的发电成本会略高于南欧和北非的太阳能发电成本。但是欧洲的海上风电场距离用氢的地方近，因此氢的物流成本低。而且海上风电的利用小时数长于南欧和北非的太阳能发电的利用小时数，因此电解水制氢的利用小时数长，折旧成本低。在这方面，德国、荷兰和挪威都有不少示范项目。由于德国北部的风电（包括陆上风电和海上风电）输送到德国南部用电负荷中心的超高压架空输电线路遭到沿途居民的强烈反对，不得不改用投资成倍增长的地下电缆，因此，输电成本大大提高。未来在北部用风电电解水制氢而后用输氢管道将氢气输送到德国各地就成为北部风电消纳的一种解决方案。

第三个来源是用电网上的过剩风光电就地制氢，就地使用。相比于其它两个来源，这个来源氢的物流成本最低；但是由于利用小时数较少，资源有限，因此预计这个来源未来的制氢量比前两个来源的制氢量要小。

另外，还有氨制氢、甲醇制氢、有机储氢载体制氢。但是由于氨、甲醇和有机携氢体是用氢来制取的，这类制氢的方式一般被认为是制氢的中间环节，甚至被划分为物流环节，因为氨、甲醇和有机储氢载体的运输比氢要容易。

二、制氢的成本

（一）灰氢

生产灰氢目前是成本最低的制氢方法。在天然气产地，天然气制氢的成本约为 0.80 €/kg H_2（中东）。在欧洲，天然气生产灰氢的均化生产成本约为 1.50 €/kg H_2。相比之下，在中国的煤炭产地用煤生产灰氢的生产成本仅为 6.0~10.0 ¥/kg H_2。而工业副产氢的价格还要再低一些[17]。

通过蒸汽甲烷重整（SMR）或自热重整（ATR）生产灰氢已经是一项非常成熟的技术，进一步降低投资成本的潜力非常小。天然气价格在灰氢生产成本的未来发展中更为重要。但是许多国家目前正在实施的 CO_2 排放定价方案将进一步提高灰氢的价格。

煤制氢的二氧化碳排放量更高，因此对二氧化碳排放的税收或排放权交易价格对提高煤制氢的成本比天然气制氢更多。

（二）蓝氢

蓝氢与灰氢的制氢生产过程相同。然而碳捕获与封存（CCS）所需的设备会增加投资成本和运营成本，并且更多的能源需求也增加了其成本。成本计算还要加上碳捕获与封存（CCS）的成本，因此蓝氢的成本显著高于灰氢的成本。与有记录的灰氢成本相比，蓝氢的成本有很大的不确定性。由于碳捕获与封存（CCS）需要特定的地质构造，还不是大规模应用的工业技术。因此，蓝氢未来是否会大规模发展，还有很大的不确定性。

（三）青氢

如前所述，青氢是一种较不成熟的技术，技术就绪指数（TRL）为 3~4。所以制造氢气的均化生产成本（LCOP）存在高度不确定性。经初步研究估算，在欧洲用工业级甲烷热解技术生产的氢气的价格约为 3.2 €/kg H_2。当算上副产品炭黑产生的收入时，均化生产成本（LCOP）可能降至 2.6 €/kg H_2[18]。

（四）绿氢

当前绿氢的生产成本超过基于化石能源制氢技术的生产成本。电解水设备的投资成本和电能成本在生产绿氢的总体均化生产成本（LCOP）中所占比例最高。许多不同的研究对绿氢的均化生产成本（LCOP）进行了调查，由于目前尚无大规模的绿氢生产，因此不同资料来源之间的均化生产成本（LCOP）差异很大。德国能源署撰写的有关德国天然气网发展的背景研究报告指出，绿氢的均化生产成本（LCOP）范围为 2.4~7.2 €/kg H_2。在其它出版刊物中，绿氢的均化生产成本（LCOP）为 2.3~5.1 €/kg H_2[19]。由于二氧化碳的定价机制，基于化石能源的制氢技术的成本预计在未来几年会增加，同时绿氢生产成本会大幅下降。

均化生产成本（LCOP）的巨大差距主要是由电解槽的投资成本、电价和工厂每年的满负荷运行小时数的不同预估所造成的。现在绿氢均化生产成本过高的主要原因是：现在电解水制氢设备的成本还较高，有过剩风光电的时段太短。如果要利用廉价的过剩风光电，则电解水制氢设备的利用小时数太低，电解设备的折旧成本太高；如果要提高电解设备的利用小时数，电价就会太高。如果不得不使用化石能源生产的电力，还会增加二氧化碳的排放。

未来出现过剩风光电的小时数会逐步上升，电解设备的价格也会比现在大幅下降。国际可再生能源机构（IRENA）估计到 2050 年最乐观的情况是，绿氢的均化生产成本会降至约 1 €/kg H_2[19]。显然，在这种情况下，汽车使用绿氢比使用柴油的燃料成本要低得多。

三、不同制氢技术对气候的影响

图 2-6 比较了各种工艺制氢的二氧化碳排放，图中非斜线的实体颜色区域代表了温室气体排放的下限[12,20-22]。

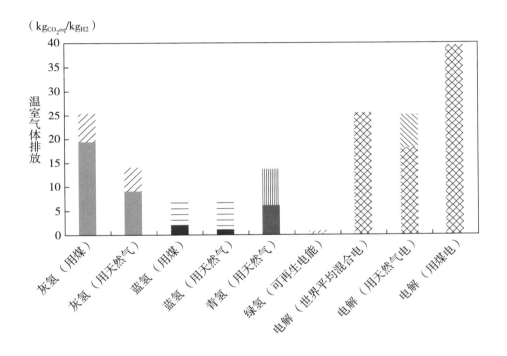

图 2-6　不同制氢方法的二氧化碳排放量

需要说明的是，由于在氢燃料电池车上氢能通过燃料电池和电传动到车轮的能源转换效率较高，为 50% 左右，明显高于燃油汽车从燃油通过内燃机和机械传动到车轮为 30% 左右的能源转换效率。

1L 柴油给燃油机动车的车轴提供的动力相当于热值为约 1.7m³ 氢气给氢燃料电池汽车的车轴提供的动力。表 2-3 列举了在汽车上使用柴油和各种方法制得的等价动力的氢的二氧化碳排放。

表 2-3   汽车上使用柴油和各种方法制得的等价动力的氢的二氧化碳排放量对比

燃料种类与等效量	二氧化碳排放（kg）
1L 柴油	~2.66（基准）
1L 煤制柴油	~8.00
1 m³ 煤制天然气（热值约等于 1L 柴油）	~6.33
1.7 m³ 燃煤电力电解水制备的氢气	~6.80
1.7 m³ 煤制备的氢气	~2.73
1.7 m³ 天然气（蒸汽重整）制备的氢气	~1.49
1.7 m³ 可再生能源电力电解水制氢气	0

从表 2-3 中可以看出，就为汽车提供动力而言，使用煤电为主的电网电力电解水制氢，其二氧化碳排放为煤制氢的约 2.5 倍。而煤制柴油的二氧化碳排放是煤制氢的约 3 倍。而煤制氢的二氧化碳排放仅略高于使用柴油。考虑到我国的石油 70% 依赖进口，用煤制氢提供给氢燃料电池汽车替代燃油，二氧化碳排放量仅增加了 3% 左右，但能源供应的安全性却大大提高，且不说煤制氢的成本也低于燃油。1.7m³ 的煤制氢气洗净后加到氢燃料电池汽车的氢气罐里的成本在 3 元左右，而 1L 柴油扣除燃油税也要 5 元以上。氢燃料电池的价格大幅下降后，燃料消耗量大的氢燃料电池汽车（如长途重型货运汽车）的生命周期成本（含车辆的购置费和燃料费）会低于燃油汽车。

第二节　氢的应用

　　当前全球氢的应用主要集中于作为炼油厂的原料（用于加氢脱硫和加氢裂解等）、化肥生产等化学工业的工艺。目前全球生产的氢：33%用于炼油，27%用于氨气生产（80%的氨用于化肥生产），11%用于甲醇生产，3%用于在钢铁生产中直接还原铁矿石（见图2-7）。

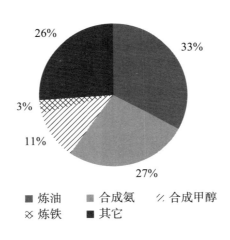

图2-7　全球氢能应用领域占比

　　随着全球为限制气候变化和建立可持续经济所做的努力，使用氢作为能源载体替代化石能源将成为另一项重要应用。除了可再生能源和能源效率作为高效能源转型的两个支柱之外，氢及其衍生物可以成为让难以电气化的工艺摆脱化石燃料局限的一个重要选项。然而氢作为原料和作为能量载体是互相密切联系的。例如，在合成液体燃料（航空燃料等）的生产过程中，氢气被用作原料。但是，能量转为液体燃料的最终目的又是充当能量载体。此外，该过程中产生的其它产物，例如蜡，适合非能源类的使用。因此，氢同时充当原料和能量载体的角色，大多数氢的应用都具有这种特性。

图 2-8 显示了用可再生能源生产的绿氢作为起点的许多不同的氢和氢衍生物应用以及所需的转化过程。

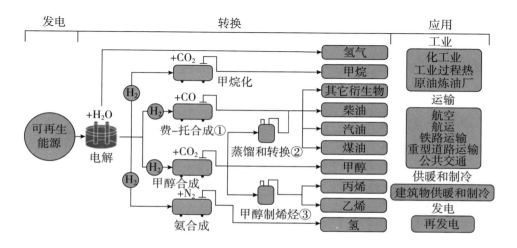

图 2-8 氢及其衍生物的应用以及所需的转化过程

注：①包括：费—托合成，加氢裂化，异构化和蒸馏。②包括：二甲醚/有机氧化物合成，烯烃合成，聚集和加氢。③甲醇制烯烃过程。

在新一轮的氢能浪潮中，应用的发展重点首先是在现在普遍使用燃油作为能源的交通运输领域。道理很简单：

（1）氢能作为零碳能源燃料在交通运输领域的作用至关重要，是对使用电力的纯电动汽车的补充。

（2）氢能用于交通运输领域，不仅可减少二氧化碳的排放，而且有利于消除燃油燃烧产生的尾气污染。

（3）减少石油进口，提高能源供应的安全性。

（4）现在交通运输工具使用灰氢的能源成本已经明显低于燃油。绿氢的成本也在不断下降，不久的将来成本也会低于燃油。

大部分公路运输的货物吨位大，距离远。这使得直接使用电能较为困难，因为纯电动卡车的行驶距离有限且充电周期长，在给定的车辆重量下电池的重量会限制可用的有效载荷。通过架空线进行直接电气化会带来高昂的基础设施成本，并且对于不那么频繁的路线通常不具成本效益。根据壳牌公司最近对全球 150 多位高管和专家对于未来公路货运的调查报告，绝大多数被调查者将氢能视为全球公路货运的主要能源，而现在使用蓄电池的纯电动汽车是短途小型车辆最经济有效和最环保的解决方案。

因此，纯电动汽车适合轻载短途运输，氢能汽车适合重载长途运输。轻载长途和重载短途将成为纯电动汽车与氢能汽车势均力敌的领域（见图 2-9）。

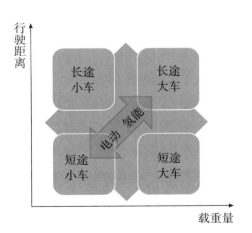

图 2-9　氢能汽车与纯电动汽车的优势领域划分

　　与使用蓄电池的纯电动汽车相比，氢燃料电池汽车的主要优势是续航里程长。电动汽车现在所用蓄电池系统的能量密度只有 150Wh/kg 左右，而车载氢气系统的能量密度则达到 2000Wh/kg 左右。氢燃料电池汽车加注氢只需几分钟，而纯电动汽车的快速充电也需要几十分钟。

　　需要注意的是，在纯电动汽车能源供应的综合成本中主要不是电力费用，而是蓄电池的折旧费用。未来电动汽车实施智能充电，使用的电力很大一部分是弃风弃光电或低谷电力。在中国，弃风弃光电费或低谷电力的费用不断降低。例如，2023 年 1 月 1 日起，山东省的低谷电量价格为 0.18￥/kWh 左右，深谷电量价格仅为 0.06￥/kWh 左右，但是现在蓄电池的折旧成本是 0.70~1.00￥/kWh，远高于电费。虽然蓄电池的折旧费用未来会有所下降，但是在可以看得到的未来，仍会远高于弃风弃光电费和低谷电力价格。电动汽车消耗 1kWh 电力给车轮的能量，大约等同于氢燃料汽车 0.05kg 氢气给车轮的能量。现在 1kWh 电力的电费+充电服务费+蓄电池折旧费为 1.4 元左右。而 0.05kg 洗净的灰氢的制氢费+加氢费，仅为 1.0 元左右。

　　小汽车每年的行驶里程短，重量小，能耗低，因此，能耗成本在车辆的总成本中占比不高。而重载卡车每年的行驶里程长，重量大，能耗高，是小汽车的十几倍甚至几十倍，能耗成本在车辆的总成本中占比较高。因此，对能耗较高的重载卡车来说，氢燃料电池重载卡车的生命周期成本反而低于纯电动重载卡车的生命成本。且纯电动重卡蓄电池的重量占用大量的有效载重量。

　　而纯电动汽车的动力系统比氢燃料电池系统简单得多，因此汽车的造价低。不过氢燃料电池动力系统的成本近年来一直在快速下降，降低到一定程度，氢燃料电池汽车的应用就会爆发。按现在氢燃料电池动力系统成本及其下降的速度，估计氢燃料电池重卡的应用爆发的时间点在 2026 年左右。

中国现在的燃油重卡每年消耗 1 亿多吨柴油，如果全部用氢能重卡替代，每年的氢耗量为 2000 万吨左右。

德国能源署认为，在未来 10 年内，氢燃料电池汽车的总拥有成本（TCO）预计将下降 50% 左右，在更远的将来甚至有可能价格接近于纯电动汽车，因为纯电动汽车的电池在汽车制造成本中占很大的比例。因此，未来氢燃料电池汽车除了在重载卡车领域成为主流车型外，也会在乘用车领域获得可观的占有率。这也是日本的乘用车制造商坚守氢燃料汽车的原因之一，另一个原因是日本的可再生能源电力资源短缺，需要进口氢能。而德国的乘用车制造商也做了未来使用氢燃料电池汽车的准备。

用可再生能源电力生产绿氢，或用天然气生产蓝氢给氢燃料电池汽车使用，在欧洲氢产业链中的示范项目中是重点。这也说明氢燃料电池汽车及其氢的生产和物流是当前氢产业链的重中之重。

对运行不频繁的铁路线实行电气化在经济上是不划算的，相比之下使用氢燃料电池列车替代燃油列车减少二氧化碳排放在经济上更划算。2018 年德国联邦经济部的研究报告表明，由于氢燃料电池有更高的能效以及更低的维护成本，氢燃料电池列车可以比柴油列车节省多达 25% 的运营成本。2018 年，由阿尔斯通公司开发的氢燃料电池列车在德国开始商业运营，最高时速可达 140km/h，续航距离为约 1000km。西门子交通集团和德国铁路公司也宣布将测试氢燃料电池列车，该项目计划在 2024 年投入运营。据预测，它的续航里程超过 600km，最高时速可达 160km/h，加氢仅需约 15min。

在航运领域，液氢、氨、甲醇和液态有机氢载体（LOHC）都是未来可能的氢能载体。在欧洲氢产业链中的示范项目也有好几个氢能船舶的示范项目。

在航空领域使用氢能的难度很大。比较稳妥的解决方法是用生物质、绿氢或蓝氢生产零碳燃油，供飞机使用，这样飞机现有的燃油动力系统的形式可以保持不变。

在工业领域，氢的主要应用领域在重化工领域，包括钢铁冶金、合成氨和碳氢化合物的生产。

在钢铁冶金领域，氢将主要用来替代焦炭作为冶炼铁及其它金属的还原剂和能源。现在全球以铁矿石为原料生产钢的主要工艺分两步：用高炉生产生铁，焦炭既作为还原剂又作为能源供应；而后通过纯氧转炉和电炉生产钢。所以钢铁行业目前仍然依赖焦炭。可行的替代方案是使用氢气直接还原铁（Direct Reduced Iron，DRI），这种直接还原铁的工艺路线已占铁矿石炼钢产量的约 7%，目前使用的主要是天然气[12]。在全球使用绿氢或蓝氢直接还原铁替代焦炭炼铁每年可以减少大约 23 亿吨二氧化碳排放量，这将成为未来最有希望的铁矿石炼铁工艺[23]。

欧洲使用氢直接炼钢的示范项目虽然不多，但却是重大示范项目。譬如，欧洲最大钢铁厂杜伊斯堡 - 沃尔苏姆（德国）的 500MW 电解水制氢、用氢作为还原剂炼铁的项目。

使用铁矿石生产钢材，即所谓的长流程炼钢，每炼 1 吨铁使用大约 400 千克焦炭和精煤，排放约 1.1 吨二氧化碳。如果用氢能替代焦炭炼铁，每炼 1 吨铁需要 60 多千克氢（具体需要的量取决于附加的热能是否需要用氢来提供）。中国每年生产钢材 10 亿吨左右，其中约 8 亿吨钢采用长流程炼钢工艺，每年使用 3 亿多吨焦炭。如果全部用氢替代焦炭炼铁，则每年需要消耗 5000 多万吨氢。这是未来消耗氢最多的领域之一。

在化学工业，对氢的主要需求来自制造氨和甲醇等化学物质以及烯烃、乙烯、丙烯和芳烃（苯、甲苯和二甲苯）。目前大多数所需的氢是通过蒸汽甲烷重整（SRM）或煤炭气化生产的。在炼油厂里，氢主要用于油品的加氢脱硫和加氢裂化。在有机化学工业中，转化过程以碳和氢为基本原料。

中国现在每年生产 4000 多万吨灰氢，主要用于生产氨和甲醇，其次是炼油和其它有机化学品的生产。有机化学品的产量未来还会大幅增长，因此这个领域的用氢量还会大幅增长。未来要实现碳中和，这些灰氢将来都要用绿氢或蓝氢替代。

在发电领域，氢主要用于替代天然气作为补偿电源。风光水等可再生能源电力有季节性波动，一般冬季风力和太阳能辐射都较弱，风力在春秋季较强，太阳能在春秋季比冬季强，在夏季最强。这样，就可在风光水电过剩的春夏秋季电解水制氢，并在岩穴（譬如采空的盐矿）和采空的天然气田等处低成本存储；在风光水电有较长时间的短缺时，用氢通过燃料电池或燃气轮机发电或热电联供。这样可再生能源电力制氢+氢能发电就成为碳中和时代电力系统中的长时间消纳和补偿。风光水电的短时间波动则主要由抽水蓄能、电动汽车智能充电、储热储冷、蓄电池储能电站和用户侧响应来进行消纳和补偿。

未来电力供应主要由波动的风光电作为发电主力时，需要大量灵活可调节的电源作为补偿电源，大部分补偿电源的年利用小时数很低，只有不到 1000 小时。在这种情况下，发电系统投资的折旧和利息在发电成本中就会占很大的比例。而氢燃料电池发电系统的成本未来会远远低于燃煤和燃气发电系统，因此特别适合作为年利用小时数较低的补偿电源。氢燃料电池系统的单位功率成本正在迅速下降，已经从过去的数万元/千瓦，下降到现在的数千元/千瓦。2030年单位功率的发电系统成本大概率会低于1500¥/kW。表2-4分析了年利用小时数仅为1000小时、发电系统静态投资折旧年限按10年计的发电系统折旧成本在单位发电量成本中的金额。

表2-4　发电系统折旧成本在单位发电量成本中的金额

	燃煤电站	燃气电站	氢燃料电池系统
投资 （¥/kW）	~4000	~3000	~1500
年发电小时数 （h）	1000	1000	1000
静态折旧年限 （a）	10	10	10
设备折旧在发电成本中所占金额 （¥/kWh）	0.40	0.30	0.15

2060年左右，中国的年用电量估计为24万亿千瓦时左右，如果有约2.5%即约6000亿千瓦时的电力使用氢能发电或热电联供，每年就需要约3000万吨的氢。未来建筑供暖的能源除了生物质能源、工业余热和过剩风光电外，在风光电供应不足时，还将使用氢作为热电联供的能源，这样既提供热力又提供电力，与波动的风光电是非常好的配合。

将中国在上述领域未来的用氢量累加起来，估计超过1亿吨/年左右。如果2060年用可再生能源电力电解水制1亿吨绿氢，则用电量将达到5万亿千瓦时左右。相比之下，2024年中国的社会总用电量是94,181亿千瓦时。2060年，如果中国的总用电量为24万亿千瓦时左右，则电解水制氢的耗电量会达到总用电量的20%左右。毫无疑问，电解水制氢也就成为消纳过剩风光电的主力。

从经济性的角度看，未来零碳的绿氢将首先在交通运输系统中应用，替代燃油；其次在钢铁冶金行业、发电/热电联供和含氢的化学产品生产领域中应用，替代石油、天然气和煤炭。

按到车轮上的机械能计算，燃油汽车每消耗 1L 柴油提供的机械能，同等的氢燃料电池汽车需要消耗 $1.7m^3$ 的氢可以提供。1L 柴油的价格为 6~8 元。而生物质制氢的成本为 1.0~1.5￥/m^3 氢气（价格差异取决于生物质的价格）。把 $1.7m^3$ 生物质制氢的氢气洗净至能够供燃料电池使用的水平，为 3~4 元，给车轮提供同等的机械能，氢的燃料价格只有柴油的约 50%。而在冶金、化工和发电领域，用生物质制的氢气，替代冶金领域的焦炭，在化工和发电领域替代煤炭和天然气，成本都要更高。相比之下，在汽车领域用氢气替代柴油的经济效益最好。因此，这是氢能的应用首先聚焦在汽车领域的原因。

用可再生能源电力生产绿氢，或用天然气生产蓝氢给氢燃料电池汽车使用，在欧洲氢产业链中氢应用的示范项目是重点。

在未来化石能源的价格中，二氧化碳排放的费用会占越来越高的比例。这项费用的高低对于绿氢和蓝氢应用范围的扩展速度产生很大的影响[24]。

第三节 氢的物流

氢可以气态、液态和固态的形式运输和存储，氢的不同运输和存储形式具有不同的优势和劣势。氢也可以制成氢的衍生化合物，如氨、甲醇和液态有机氢载体运输，这就需要进行变换反应。氢的运输、存储和变换综合起来可称为氢的物流。

现在绝大部分的氢都被用作化工原料，用于相关行业（如化肥工业或炼油厂）。作为一种附属或中间产品，其生产制造和应用大都是就近发生，氢气的制取也没有脱离相关行业。而未来氢被当作能源利用的情况下其应用场景和规模将远超现在，以可再生能源为原料的大规模制氢将会独立出来，氢的制取与应用将不仅限于就近发生。由此大规模的氢物流体系的建立就成为发展氢经济的基础和依托[25]。

虽然氢气与其它各种化石燃料相比拥有最高的单位质量能量密度，低热值能量为 33.3kWh/kg，但由于氢气是最轻的气体，标准状态下（0℃和1个大气压），密度仅为 0.0899kg/m³，其体积能量密度仅为约 3kWh/m³。鉴于这些特性，氢气需要通过额外的物理和/或化学转化过程以增加其体积能量密度，以便进行经济的运输和使用。

表 2-5 囊括了工业级氢储存和运输的几乎所有主要的可能性。包括：氢气的气态常压存储及高压存储，在低温条件下的物理液化氢的液态存储，以及化学形式下的氢存储。可能的化学液态氢存储系统包括氨和液态有机氢载体。从理论上讲，也可以使用金属氢化物使氢以固体形式结合。但由于这种存储技术面临诸如重量大和资源稀缺之类的若干困难，因此难以在大型存储系统中应用。

表 2-5　各种物理状态下氢的物流模式

物理状态	存储形式	存储体积	存储时间	运输模式
气态	洞穴存储	中—大	数周—数月	管道（纯氢/天然气掺氢）、汽车拖车、火车
	枯竭的气田	大	季度—年度	
	加压容器	小	天	

续表

物理状态	存储形式	存储体积	存储时间	运输模式
液态	液化氢	小—中	数天—数周	轮船、汽车拖车、火车
	氨	大	数周—数月	管道、轮船、汽车拖车、火车
	液态有机氢载体	小—大	数周—数月	管道、轮船、汽车拖车、火车
固态	金属氢化物	小	数天—数周	轮船、汽车拖车、火车

氢的不同存储和物流形式各具优点和缺点。运输技术的最大经济运输距离、技术就绪程度和物流技术的经济可行性是评估技术潜力的重要指标。

一、气态氢的物流

鉴于氢在通常环境下的特性，气态氢运输为许多应用提供了最简单且通常能效最高的解决方案。为了提高氢的运输效率，气态氢通常被压缩。在氢能汽车领域，高压储氢罐的最高压力可达到70MPa。而常规管道、存储和物流用的储气罐，压力则要低得多，一般为5~20MPa。表2-6概述了气态氢运输模式及其通常的运输距离。

表2-6 气态氢的运输模式和通常的运输距离

运输方式	长途运输	短距离输配		
	管道	管道	卡车	火车
运输距离（km）	>2000	灵活	<500	<1000

气态氢运输的最大缺点是体积能量密度较低。常压下的气态氢仅提供 $3kWh/m^3$ 的低热值能量。约 70MPa 的压缩氢气可使能量密度增加到约 $1200kWh/m^3$ 的低热值能量，远远高于约 $200kWh/m^3$ 的锂离子电池。由于气态氢的体积能量密度相当低，因此长距离大规模使用交通工具的运输效率低下，此时管道成为一种可行的选择。在石油化工和化肥行业领域，局域性或地区性纯氢气管道已经使用多年，2016 年在全球范围内氢气管道的总长度超过 4500km。

管道运输需要考虑基础设施投入的投资成本，氢气专输管道单位长度投资大约是天然气管道的 3 倍。德国的策略是，充分利用现有天然气管网资源，从给天然气管道里掺氢气入手，再考虑将现有适合的管网改造成纯氢气管道，结合新建氢气管道，循序渐进建成氢气骨干网。德国现有天然气干线管道长度为 40000 千米左右，另外还有 470000 千米的区域和本地分配网络。如果能利用好现有天然气管道基础设施的优势，将为德国的氢经济发展带来巨大效益。

掺氢或改造这两种途径目前还都存在一些局限和未知因素。在氢的混合比例低（体积密度 5%～10%）的情况下，基本上没有什么问题。但在高含氢或者纯氢的情况下，管道运输是否可行在很大程度上取决于每条管道的具体情况以及其终端应用设备应对气体特性变化的能力。就此德国正在开展一系列试验研究和示范应用。比如目前德国天然气网络中允许的氢气混合比例为 10%，试验项目 "H_2vorOrt" 旨在到 2025 年将这一比例增加到 20%。根据目前的研究，德国天然气运输行业对未来的氢气需求增长做出判断，认为现有的欧洲管道基础设施经过适度改进将足以应对未来的氢气运输需求。这样就能节省建设新氢气管道的巨额投资[26]。

氢气与天然气掺混对最终用户的影响不可忽视。举例来说，德国使用天然气作为汽车燃料的情况比较普遍，因此氢气与天然气掺混必须考虑这一终端应用场景。一般规定，天然气加气站所在的当地天然气配送网中不得超过2%的最大氢气体积浓度。这是因为掺入的氢对天然气汽车的钢制储气罐存在安全影响。不过，随着氢能应用的推广，钢制储气罐正在被耐氢材料储气罐替换。因此从中期来看，压缩天然气（CNG）加气站的氢气掺混上限可能提高。另外，氢气与天然气掺混还需考虑天然气燃气轮机这一应用场景。根据燃气轮机制造商的不同，氢气的体积比例限制在1%到5%之间。当然，制造商也在为适应氢能的推广而努力，未来新的燃气轮机可使用更高氢气比例的燃气，甚至达到100%。

掺氢天然气的终端应用还涉及氢气的分离问题。从掺氢天然气中分离氢气主要有两种方法：吸附法和膜分离法。尽管膜分离技术尚未在大型工业应用中全面实施，但它比经典吸附法具有一些优势。膜技术在纯度（产生的氢气）方面是可调节的，并且成本效率估计更好。另外，对于含氢量低于50%的氢气分离，吸附法的效率较低。

无论是在天然气管道中掺氢还是改造现有管道运输纯氢，都需要对管网进行系统性的检测与评估。该检测评估涵盖三个方面：第一，材料的耐氢性，包括系统中所有与氢接触的材料；第二，零部件（比如隔膜密封件、安全截止阀、压力调节器等）在含氢环境中功能是否会受到影响；第三，系统的整体运行是否受到氢气的影响。

目前，德国管道中氢气或天然气/氢气混合物的运输受德国能源工业法案（EnWG）的约束。德国高压气体管道条例（GasHDrLtgV）规定了对运输管道进行监测和测试的基本要求。技术细节在德国天然气和水技术与科学协会（DVGW）、欧洲工业气体协会（EIGA）的各种规定以及 DIN、EN 和 ISO 标准中都有描述。例如，EIGA 为氢气管道的维护提供了自己的建议（EIGA Doc. 121/14）：根据管道安装的类型、监测方法和其它当地影响因素（例如操作参数、氢浓度、材料特性、管道状况），应用的间隔可以从几周到几年不等。在该领域美国 ASME 标准目前仍被视为基准，发挥主导作用。

与天然气运输完全分离的氢骨干管网正在计划之中。"欧洲氢气骨干网计划"由 23 家欧洲天然气基础设施公司组成，共同规划泛欧专用氢运输基础设施。欧洲将利用这一基础设施实现其气候和能源目标。2020 年 7 月发布的欧洲氢气骨干网报告表明，氢气的输送主要基于现有的天然气基础设施，结合投资建设新的专用氢气管道和压缩机站，以可承受的成本实现长距离的专用纯氢运输。根据计划，专用纯氢基础设施将从 2020 年开始开发，到 2040 年左右形成一个互连的专用纯氢运输基础设施，延伸至欧洲所有地区。

未来欧洲的氢将主要依赖从风光电资源丰富的地区（譬如太阳能资源丰富的南欧、北非和中东地区，即地中海沿岸地区）进口在当地由电解水制的氢，而后通过氢气专用管道将氢气输送到欧洲。23 家天然气网络运营商在 2021 年 6 月的研究报告[27] 中称，通过管道长距离运输氢气的平均价格为 0.11~0.21 €/kg·1000km，比船运便宜。如果氢气通过海运从北非运输到欧洲，其成本预计是管道运输的 3~5 倍。

报告还比较分析了替代方案——"通过输电线路输送电力"的成本。结果表明，在长距离传输时，输电的成本是输送氢气的 2~4 倍。其中，电力和氢的存储成本并未考虑在内，而电力的存储成本远远高于储氢的成本。

电解水制 1kg 的氢气，需要大约 55kWh 的电力。如果用 1000 千米的管道输氢，需要 0.11~0.21 €，即 0.8~1.50 ¥。风光电的波动要么会大大降低输电线路的利用小时数、要么会发生严重的弃风弃光，进一步提高输电的成本。因此，如果用 1000 千米的超高压线路输送 55kWh 的风光电，输电成本会远远超过 1.50 ¥。显然，在有大量风光电的当地用风光电制氢并远距离输送到用氢的地方，成本远低于将风光电输送到用氢的地方电解水制氢。而在风光发电的当地用过剩风光电制氢，还可提高输电线路的利用小时数，增加了输电线路的经济效益。

二、液氢的物流

分子氢在通常的环境条件下不会以液态形式呈现。因此，液态氢的储存和运输需要额外的物理和/或化学转化过程。

氢气在 1 个大气压时，在 -253℃（20K）以下的温度液化。与 30MPa 的气态氢相比，氢的低温液化带来的好处是将其体积能量密度提高到了 3 倍以上（30MPa 时氢的单位体积能量低热值为 750kWh/m³，液态氢的单位体积能量低热值为 2417kWh/m³）。这使得液化氢成为在需要高体积能量密度时的首选方案。然而与常规液体燃料（例如柴油或喷气燃料）相比，液化氢的体积能量密度仍然很低（柴油的单位体积能量低热值为约 10000kWh/m³）。但液化氢仍可以在重载公路运输、海上运输和部分航空领域中成为可行的燃料。

另一种广泛讨论的方案是使用船舶运输大量液化氢。与使用船舶运输传统的液化天然气相似，液化氢也可以远距离运输。然而液态氢通常不可能直接应用，因此需要在使用地点进行再气化。与液化天然气的温度（约 -160℃）相比，液化氢的温度要低得多，并且具有不同的物理和化学性质，因此液化氢的运输在技术上要求更苛刻。目前日本的氢能海上运输液氢的示范项目"HySTRA"正在澳大利亚和日本之间超过 9000 公里的距离上进行示范运行。

三、氨作为氢载体

氨（NH_3）是富氢分子，用它作为能量载体是氢液态运输的另一种可能性。生产氨的最常见工艺（哈伯-博施法）已有 100 多年的历史了，现在仍主要用于化肥生产。氨可以在 $-33℃$ 的温度和常压下进行液化，这比液化氢要方便得多。另外，氨也可以在通常的 20℃ 环境温度和约 0.9MPa 的压力下液化。在常规的氨运输中，通常选择冷却和加压存储的组合。液氨的氢体积密度是液化氢的约 1.5 倍（液氨在 0.1MPa 和 $-33℃$ 时的体积氢密度约为 $120kg/m^3$；液氢在 0.1MPa 和 $-253℃$ 时的体积氢密度约为 $70kg/m^3$）。因此与液化氢相比，同等体积的氨可以输送更多的氢。使用海上运输或管道进行工业级的氨运输已经有较长的时间。全球大约有 120 个港口设有液氨的装卸设施，在美国有大规模输氨主干管道（NuStar 氨运输管道，全长约 3200km）；在俄罗斯也有大规模输氨主干管道（Togliatti-Odessa 氨管道，全长约 2000km）。

氨用作载氢体时，其总转化效率比其它技术路线要低，因为氢必须先经化学转换为氨，并在使用地点重新转化为氢。氢—氨—氢的两次转化过程中的能耗与氢所含能量之比约为 35%，与液化氢相似（氢液化的能耗与氢所含能量之比约为 30%～33%）。

四、液态有机氢载体作为氢载体

液态有机氢载体（Liquid Organic Hydrogen Carriers，LOHC）为氢运输提供了另一个有希望的选择。在液态有机氢载体中，氢化学键结合到有机烃载体分子上（氢化），并可以逆向过程（脱氢）释放出来。液态有机氢载体分子通常由芳香族和非芳香族碳环结构组成，例如甲基环己烷（MCH），如图 2-10 所示[28]。

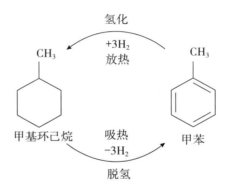

图 2-10　甲基环己烷（MCH）与甲苯加脱氢示意图

常见的液态有机氢载体系统诸如：甲基环己烷（MCH）、二苄基甲苯（DBT）或十氢萘/萘酚等通常在一个相当宽松的标准条件下以液体形式存在，无论是氢化形式还是脱氢形式，它都与常规化石燃料（如柴油）具有相似的物理性质。鉴于其与常规液体燃料的物理相似性，在现有基础设施内液态有机氢载体具有容易使用和方便运输的潜力。

为了形成液态有机氢载体循环，必须将脱氢后的液态有机氢载体运回氢化（加氢）工厂，对于散装运输（海运、公路和铁路），这意味着车辆必须在两个方向上运输液体；对于管道运输，则需要第二条管道将脱氢后的液态有机氢载体返回氢化工厂，这是一个缺点。液态有机氢载体系统的另一个缺点是它们在氢化反应中是放热反应，而在脱氢过程中是吸热反应。因此在脱氢的地点，需要额外的能源（热），最好有特别廉价的热源，如废热。在脱氢过程中，如果没有其它热源，则需要用一部分氢气产生热量，在这种情况下液态有机氢载体的整体效率会进一步降低。而在氢化过程中，放出的热能如能得到利用，将会提高整个循环过程的能效。

现在德国已经研发出可直接使用液态有机氢载体的氢燃料电池[29]。在这种氢燃料电池中，液态有机氢载体的脱氢过程在氢燃料电池中实现，这样不仅将液态有机氢载体脱氢和氢与氧结合发电这两个反应过程一体化，而且可将氢燃料电池发电产生的废热用作脱氢所需要的热量。不过这种氢燃料电池的实验原型功率还很小，何时能够投入使用现在还很难说[30-32]。

与液态有机氢载体系统的技术经济性密切的主要特征值见表 2-7。

表 2-7　目前四种最有前景的液态有机氢载体的主要技术经济特征值

液态有机氢载体系统		氢容量（wt%）	反应焓（kJ/mol H_2）	熔点（℃）	沸点（℃）
二苄基甲苯（H0-DBT）	全氢二苄基甲苯（H18-DBT）	6.2	65.4	H18-DBT：-50 H0-DBT：-34	H18-DBT：371 H0-DBT：390
甲苯（TOL）	甲基环己烷（MCH）	6.2	68.3	MCH：-126 TOL：-95	MCH：101 TOL：111

续表

液态有机氢载体系统		氢容量 （wt%）	反应焓 （kJ/mol H$_2$）	熔点 （℃）	沸点 （℃）
萘 （NAPH）	萘烷 （DEC）	7.3	63.9	DEC：-37 NAPH：79	DEC：189 NAPH：218
N-乙基咔唑 （H0-NEC）	全氢-N-乙基咔唑 （H12-NEC）	5.8	50.6	H12-NEC：-85 H0-NEC：70	H12-NEC：280 H0-NEC：270

氢容重：以质量分数（wt%）表示的氢容量显示了可释放氢气的质量与氢化液态有机氢载体的总质量之比。具有更高的氢气容量，可以用相同质量的液态有机氢载体运输更多的氢气，因此是液态有机氢载体系统最重要的因素之一。

反应焓：以 kJ/mol H$_2$ 为单位的反应焓表示在加氢反应中释放的能量值，以及在脱氢反应中所需的能量值。特别是对于脱氢反应，较低的反应焓导致较低的外部能量需求，从而提高过程的整体效率。

熔点和沸点：熔点和沸点是衡量 LOHC 系统实际适用性的重要指标。熔点太高会导致物质在低温甚至在正常条件下固化，这严重限制了对物质进行合适的处理。然而，沸点太低会导致正常条件下的高蒸气压，从而导致蒸发造成的高损失。

现在欧洲已经开始使用液态有机氢载体的氢能示范工程，包括使用液态有机氢载体作为氢源的加氢站，装载液态有机氢载体作为氢源的氢能船舶和铁路机车[33]。在移动设备上装载液态有机氢载体而不是氢气罐，可大大提高移动设备的安全性。

图 2-11 给出了各种氢运输模式在不同距离上的运输成本，

可以看出在 7500 千米以内的距离，管道输送高压氢气是成本最低的大规模输氢模式。

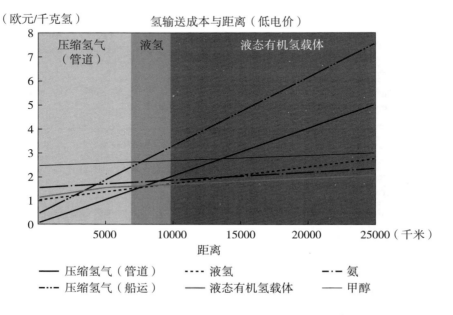

图 2-11　不同氢运输模式在不同距离上的运输成本

第三章 欧盟的氢经济战略与实践

由于制氢的能源资源量和成本不同，廉价制氢的资源和大量用氢的场合往往不在一地，于是在一个地方制的氢，需要经过长距离管道或跨过海洋运送到遥远的另外一个地方，使得氢经济国际化。

第一节 欧盟的氢经济战略

欧盟实现气候中性（在中国所称的碳中和）的基本策略是通过提高能效（即节能）和使用可再生能源生产的电力来替代产生二氧化碳排放的化石能源。但是，在一些领域替代化石能源，直接使用电能很困难或者成本很高，需要使用氢和氢的衍生产品。例如，一些金属和化工产品的生产，一些交通运输领域，以及风光电供应不足时的长时间补偿发电，特别是季节性的补偿发电。

欧盟的氢经济战略是优先发展清洁、可再生能源生产的氢（主要是利用风能和太阳能），作为与长期气候中性目标最兼容的方案。对于短期和中期来说，为了迅速减少现有氢生产的二氧化碳排放，其它形式的低碳氢也是可以接受的，同时还支持发展大规模的有效市场。在欧洲氢推广主要基于以下六个关键因素：①通过建立一个可持续的工业价值链来提高氢的生产；②工业应用和车辆技术对清洁的氢需求的增长；③促进清洁氢技术的研究和创新；④构建一个支持性框架，运作良好的市场和明确的规则，以及专门的基础设施和物流网络；⑤与欧盟周边国家和地区合作，发展全球氢市场；⑥其它能减少温室气体排放的举措和政策从而支持欧洲强化氢经济。这些举措和政策包括欧盟排放交易计划（EU ETS）、能源税指令、汽车二氧化碳标准、欧盟范围内的可再生燃料认证计划、替代燃料结构法规以及关于海上运输中可再生和低碳燃料的欧盟海运燃料提案等。

欧盟几个典型国家的氢发展战略，特别是德国的氢发展战略，未来主要使用绿氢。绿氢主要来自于南欧和北非的太阳能，其次为风电，特别是海上风电。蓝氢，用天然气制氢，而后将产生的二氧化碳回灌到地下是非主流的制氢来源。

预计到 2050 年，可再生电力将在欧盟能源消费中脱碳，但不是全部。氢作为可再生能源存储的载体，与电池和运输一样，具有弥补这一差距的强大潜力，可以确保对季节变化的应对，并将生产地点与更遥远的需求中心连接起来。在 2018 年 11 月发布的欧盟气候中立战略愿景中，氢在欧洲能源结构中的份额预计将从目前的不到 2% 增长到 2050 年的 13%~14%。

到 2050 年，欧洲在可再生氢领域的累计投资可达 1800 亿~4700 亿欧元，低碳化石氢领域的投资可达 30 亿~180 亿欧元。再加上欧盟在可再生能源技术方面的领先地位，一个服务于众多工业部门和其它终端用途的氢价值链的出现，将直接或间接地雇用多达 100 万人。有分析人士估计，到 2050 年，清洁氢能满足世界能源需求的 24%，年销售额在 6300

亿欧元左右。

　　欧盟在第一阶段（2020～2024年）战略目标是在欧盟安装至少6GW的可再生能源电解水制氢设备，并生产多达100万吨的绿氢，在现有的氢生产中脱碳，并促进氢在其它工业过程和可能的重型运输等新的终端应用方面的消耗。运输氢的基础设施需求仍然有限，因为需求最初将通过接近或现场的生产来满足，在某些地区可能会与天然气混合，但中期和骨干传输基础设施的规划应该开始。为促进某些形式的低碳氢，需要建立碳捕获和使用二氧化碳的基础设施。

　　在第二阶段（2025～2030年）氢需要成为一种内在的综合能源系统与战略目标的一部分，安装至少40GW的可再生能源电解水制氢设备，2030年的产量将达到1000万吨绿氢。在这一阶段，可再生氢预计将逐渐与其它形式的氢生产具有成本竞争力，但需要专门的需求侧政策，以使工业需求逐渐在新的领域应用，包括炼钢、卡车、铁路和一些海运的应用，以及其它运输方式。在可再生电力资源丰富、价格低廉、灵活性强的情况下，可再生氢将在平衡以可再生电力为基础的电力系统方面发挥作用。氢气也将用于日常或季节性存储，作为备份和供应缓冲功能，增强中期能源供应安全。在这一阶段，将出现对全欧盟物流基础设施的需求，将可再生能源潜力大的地区的氢运输到可能位于其它成员国的需求中心。泛欧氢输送骨干网络需要规划，也需要建立加氢站网络。现有的天然气可以部分改为远距离运输绿氢的管网，而发展大规模的氢存储设施将成为必要的一环。氢国际贸易也会发展起来，特别是与欧盟在东欧的邻国以及地中海南岸和地中海东岸国家的氢国际贸易。到2030年，欧盟的目标将是建立一个开放和竞争的欧盟氢市场，实现跨境氢贸易畅通无阻，并在各部门间有效分配氢供应。

在第三阶段（2030～2050年）可再生氢技术应该达到成熟，并大规模应用于所有难以脱碳的行业，在这些行业，其它脱碳的替代能源可能不可行或成本更高。到2050年，大约四分之一的可再生电力可能用于生产氢气。到2050年，欧盟在产能方面的投资将达到1800亿～4700亿欧元。通过在难以脱碳的行业取代化石燃料和原料，从而在2050年实现气候中性与零污染经济[34]。

欧盟工业正在迎接挑战，并制定了这一个雄心勃勃的计划。几乎所有成员国都将清洁氢计划纳入其国家能源和气候计划，26个成员国签署了"氢倡议"，14个成员国已将氢纳入其替代燃料基础设施国家政策框架，且有些国家已经采取了国家战略，德国就是典型的例子。

国家氢战略是德国能源转型的一部分，有助于实现德国的气候目标。从长远来看，《巴黎协定》的目标是追求气候中性。通过德国国家氢战略，氢正在被作为德国经济的一个重要的去碳化选择。作为一个旨在建立氢和相关技术市场的持续重组过程的起点，德国国家氢战略的核心要素是一个直接和间接支持氢及其衍生品和相关技术的市场提升计划。其目标是通过提供一个包含完整价值链的合适框架，使绿氢的生产和使用具有竞争力。最初绿氢的供应可能是有限的，这使得低碳氢成为满足需求的临时解决方案。因此，最初利用绿氢的是那些离开氢就很难或不可能脱碳的行业，如化工和炼钢行业，以及航空和海运等电气化不可行的运输部门。

德国计划在2030年之前建立一个1～5GW的氢能市场，以实现成功的市场渗透。这将包括建立供应链和具有竞争力的电解水制氢工业，能够服务于国内和国际市场。还可以采取政治措施促进德国氢工业的成功，包括修改规定如何安装和使用电解槽提供电力的监管框架，创建增加绿色氢需求的工具。到 2050 年，电解市场的产能将在 50~80GW。

德国计划开展研究的领域包括能够灵活操作并应对原料和体积流量变化的工厂、甲烷热解，以及分析原料变化对跨工业物料流动的影响。为了支持工业用途，还必须扩大氢管道网络，特别是莱茵河沿岸地区，那里有大型的氢用户（化工、炼油厂、钢铁工业等）。与此同时，计划建立大型示范工厂，以开展与工业相关的研究项目，解决扩大电转氢及氢衍生物（即 Power to X，PtX）工艺的关键环节，并将它们集成到现有的工业基础设施中。调整监管框架，以确保绿色氢的成本效益是可行的。

氢在运输中将需要进一步发展燃料电池动力系统和建立燃料补给基础设施。为了实现这一目标，可以将生产和存储技术以及系统测试的关键研发环节整合为"国家技术平台"，以汇集公共资金。应增加乘用车和卡车的加氢基础设施，同时考虑到卡车在所需氢的量和跨越边界的频率方面的要求有很大不同。可以采取各种政治措施，包括促进燃料电池汽车的流动性和氢燃料补给，并允许公共部门在购买燃料电池汽车方面发挥先锋作用。将氢作为燃料而非工业气体的监管审批也仍在等待。理解氢的全部意义也很重要。其价值源于电解槽可灵活操作且易于储存大量氢气，这两个因素有助于促进可再生能源的系统集成。氢也可以为确保能源供应做出有用的贡献，需要注意的是，建筑行业从短期到中期不会对氢有任何重大需求。

最终，太阳能和风力发电场的电力供应必须在全球层面上与能源、燃料和基本的能源需求保持一致。氢可以以类似液化天然气（LNG）的液化形式运输，也可以作为氨、甲醇或液态有机氢载体（LOHC）进行化学结合。世界上许多地区正在为这种可持续生产能源的贸易形式做准备，这将使德国的能源伙伴关系超越以往的化石能源伙伴关系。在建立这种贸易路线方面，国际港口及其附近的工业区将发挥关键作用，因为这些地区不仅包括炼油厂，而且还包括构成氢气产品适当分销基础设施的物流路线[35]。

第二节　欧盟的氢产业示范项目

欧洲在 20 世纪 80 年代就开展了氢技术领域的研发。以德国为例，1997 年，巴伐利亚州就在慕尼黑机场建设了德国第一个加氢站，给氢能公交车加氢。2000 年德国启动能源转型后，氢能领域的研发一直得到重视，并逐渐开始了在氢产业链不同环节的示范项目。从 2020 年起，欧洲大幅扩大了氢经济领域的科技研发和示范项目。

2020 年 6 月，德国联邦经济与能源部公布了德国的《国家氢战略》（National Wasserstoff-Strategie）。2020 年 7 月，欧盟公布了《欧洲气候中性的氢能战略》（A Hydrogen Strategy for a Climate-neutral Europe）。这两个战略文件宣称的目标均是雄心勃勃的。其中，欧盟的目标是将氢在欧洲能源结构中的份额从目前的不到 2% 提高到 2050 年的 13% ~ 14%。

技术的大规模应用需要通过示范项目这个环节进行技术验证和实现技术经济性的提高，这是新技术从开发到推广应用之间的关键环节。欧洲氢示范项目的主要目的有两个：一是通过示范项目促进氢技术的成熟和成本降低，以加快氢的大规模应用，为实现碳中和发挥作用。二是支撑欧洲氢科技领域的研发，保持欧洲在氢科技领域的优势，未来向世界各国大规模出口氢能领域的高科技产品。

以德国为例，其在汽车领域推广氢能应用的策略是，首先建成加氢站网络，借此才能推广氢能汽车的应用和发展。现在绿氢和蓝氢的成本还较高，因此使用灰氢支撑氢能汽车的应用推广，以促进德国氢能汽车的发展。德国1998年建成了第一座加氢站，2018年4月才只有不到40座加氢站，而到2023年底，就已经有89个加氢站在运行，另外有26个加氢站在规划和建设中。

对于欧洲的氢能发展战略，我国国内有不少介绍，但是，对于具体的示范项目鲜有介绍和分析。通过分析借鉴国际氢经济先发国家的示范项目，促进中国氢经济事业的发展和示范项目的开发，以便在氢经济领域的发展中少走弯路。

几乎所有的欧洲国家都启动了面向未来氢产业链各个环节的示范项目。但由于各国经济发展水平、技术水平和制氢资源的差异，因此在氢示范项目的规模、产业链覆盖程度、技术水平和应用规模上有所不同。限于篇幅，本书仅挑选了在欧洲不同地区开展氢示范项目领先的国家进行分析。这些国家如西欧的德国和荷兰、北欧的挪威、南欧的西班牙和东欧的波兰。其中，截止到2021年底，这些国家已经建成和正在建设的氢示范项目数量为：德国有22个、荷兰有20个、挪威有15个、西班牙有25个、波兰有8个。这里还不包括大量的加氢站。

氢从生产、物流到应用，产业链很长。欧洲的氢产业链各环节的示范项目不追求所有环节符合未来的要求，而是仅对其中的某个或某几个环节进行面向未来的示范，以降低示范项目的实施难度和投资规模。这样通过多个项目分别对不同氢产业链的不同环节进行示范，综合起来就可实现对全部氢产业链各个技术环节面向未来的示范。因此，欧洲氢示范项目中既有实现碳中和的氢示范项目，也有一些项目与现有的氢基础设施结合，包括使用有二氧化碳排放的灰氢。

欧洲现有的氢基础设施主要集中于工业部门（最主要是合成氨工业和炼油厂）。其它基础设施，如交通领域的加氢站，现在的用氢量还微乎其微。

欧盟以及欧洲各国政府都对氢示范项目给予了大力支持，包括对示范项目的组织、市场推广措施和财政资助补贴。其对氢示范项目的资助方式是政府与经济界结合，欧盟、国家和地方等各级政府的资助结合。

例如，自 2005 年以来，欧洲共同利益的重要项目 IPCEI（Important Project of Common European Interest）是欧盟一个特殊的科研项目，其重要项目最初仅限于研究、开发和创新以及环境保护领域。最近各国计划在这个项目框架下加大对绿氢研发和示范的投入，这个计划现在已经启动。

2020 年 12 月，挪威等欧盟国家呼吁并发起了一些促进欧洲氢经济的共同利益项目。其中包括欧洲最大钢铁厂杜伊斯堡-沃尔苏姆（德国）的 500MW 电解水制氢项目计划，塞纳河畔杰罗姆港（法国）化学工厂的 200MW 电解水制氢项目计划，汉堡-摩尔堡的 200MW 电解水制氢项目和一个氢燃气轮机研发计划，以及比利时 Chaleroi 石灰窑的 75MW 电解水制氢项目。

此外，欧盟内部市场/工业/创业和中小企业总局（DG GROW）与 Hydrogen Europe 合作制定了“氢促进气候行动”倡议，该倡议属于欧洲 IPCEI 氢示范项目，发布了 10 个突出的大型项目名单，这些项目的电解水制氢的总容量为 43.5GW（最大的是 Black Horse 项目，16.5GW），以及数千辆氢能汽车、氢存储设施、氢气管道和其它与氢相关的基础设施建设项目。

限于篇幅，本书仅列举了欧洲各地区氢经济先发国家部分有代表性的氢产业链中的示范项目，类型完全重复的示范项目不赘述。

一、德国

德国有 22 个已经建成和正在建设的氢产业链中的示范项目，表 3-1 列举了其中 6 个相关的示范项目，并详细分析 2 个典型的示范项目。

表 3-1 6 个相关的示范项目

项目名称	项目情况	用途
Energiepark Mainz，2015 年建成	质子交换膜（PEM）电解水制氢，20.5kg/h，使用风电。投资 1700 万欧元，其中 50% 由德国联邦政府资助	氢气以 <15% 的体积比例注入当地的天然气配网中
Wind2Gas Energy Brunsbüttel，2016~2019 年建设	PEM 电解水制氢，40.4kg/h，直接使用风电。450 万欧元投资用于天然气管道掺氢示范；德国联邦政府资助电解水制氢示范；通过德国氢和燃料电池创新计划（NIP）资助 102 万欧元用于建设加氢站	加氢站建在电解槽旁边，70MPa 压力用于汽车加氢，剩余的氢气掺混到天然气管网中
Westküste 100，2020~2025 年（建设中）	30MW 电解水制氢，直接使用海上风电，用岩穴作为储气库，以确保氢气持续供给工业领域，氢气未来注入新建的氢气管道。投资 8900 万欧元，其中有 3000 万欧元公共资金	电解水制氢过程产生的余热用于区域供热，用氢气制取的甲烷用于工业

续表

项目名称	项目情况	用途
SALCOS，2015~2022 年（建设中）	直接利用风电进行 PEM 电解水和固体氧化物高温电解水（HTE）制氢，17.8kg/h，高温电解水的效率为 84%，热能来自于钢铁生产过程中产生的废热。欧盟资助 550 万欧元	注入新建的氢气配送管网中
H2Stahl，2021 年开工建设	500MW 电解水制氢，使用电网电力，用电解水产生的氢和氧，生产绿色钢铁。一期工程投资 160 万欧元	钢铁冶炼
RefLau，2019~2025 年（建设中）	PEM 电解水制氢，第一阶段为 10MW，未来可达 500MW	给所有行业供应电力和热力，给氢燃料电池货运卡车供氢，剩余氢气注入到天然气管网中，与天然气掺混

　　Lingen Green Hydrogen 和 Get H$_2$ Nukleus 这两个项目是德国和欧洲最重要的氢气项目，它们是欧洲氢气骨干网的一个起点，所以下文对其做了详细分析。这两个项目的重点是为炼油工艺流程提供氢气，以及在新的氢气管道和改造后的天然气管道中运输纯氢。这两个项目都是通过欧洲共同利益的重要项目（IPCEI）进行资助的候选项目。IPCEI 项目是具有欧洲共同利益的跨国重要项目，通过政府资助的方式对欧洲工业和经济的增长、就业和竞争力做出重要贡献。IPCEI 项目必须有助于实现欧盟（EU）的战略目标，由几个成员国实施，由参与的企业/机构共同出资，对整个欧盟具有积极的溢出效应，并在研

究和创新方面追求非常雄心勃勃的目标，远远超出了相关领域的国际先进水平。

（一）Lingen Green Hydrogen 项目

项目是由 BP 公司和 Ørsted 公司联合投资的。两家公司计划在 BP 公司位于德国西北部林根的炼油厂所在地，建造并运营一个电解水制氢工厂，该工厂靠近荷兰边境，离德国最大的城市圈和工业集群鲁尔区不远。这个联合项目的目的是向整个欧洲的终端用户提供可再生能源氢气，有助于工业部门脱碳，同时减少排放和生产可持续燃料。

项目将于 2023 年初开始，计划建造一个 100 兆瓦的电解工厂，将由 Ørsted 公司在德国北海的海上风电场供应可再生能源电力。电解工厂的试运行预计在 2025 年上半年进行，该工厂预计能够每小时生产多达 2 吨的可再生能源氢气。这些可再生能源氢气将被输送到附近的 BP 炼油厂，以及通过附近的天然气管道输送给德国和欧洲的其它客户。在炼油厂，可再生能源氢气将取代目前由化石天然气生产的大部分氢气，从而有助于减少该地区的碳排放。其它客户会使用氢气来使他们的生产过程脱碳，直接作为绿色燃料使用。

2027 年的扩容计划如下：

Ørsted 公司和 BP 公司计划不断提高电解水制氢工厂的产量：从最初的 100 兆瓦提升到超过 500 兆瓦，达到每小时 10 吨氢气的产量。这相当于每小时生产 11 万立方米的绿氢，这使得向潜在的买家或未来的客户提供大量的绿氢成为可能。可再生能源氢气的额外生产能力可用于进一步降低炼油过程的碳含量，用作生产气候中性的航空燃料的原料，并以环境友好的方式在公路运输和航运中直接使用氢气。

在建造电解工厂的同时，其它合作伙伴将在德国和欧洲各地铺设管道基础设施，以连接林根基地与客户和储存设施以及其它可再生能源氢气生产商。从长远来看，欧洲在有计划地建立一个覆盖全欧洲的氢气基础设施网络。将该项目与不断增长的氢气运输和储存基础设施连接起来，将确保德国和欧洲的氢气市场进一步扩大和发展。

项目对于电解产生的所有副产品的使用，将进行技术和经济方面的研究和广泛分析。炼油厂和周边地区的合作伙伴都可以从生产过程中产生的副产品中获益。这些可能包括来自电解水制氢工厂的余热，这些热量可为市区供暖。电解过程中除了氢气之外，产生的氧气也可以直接用于 BP 炼油厂。

（二）Get H_2 Nukleus 项目

项目的合作方是：BP、赢创、Nowega、OGE 和 RWE Generation 等公司组成的联合体，他们希望为欧洲的氢经济建立核心能力。赢创是德国第二大化工公司，也是世界上最大的特种化工公司之一。Nowega 是一家德国的管网系统运营商，运营约 1500 公里的高压天然气管道，这些管道构成了德国运输天然气的长距离管网的一部分。OGE 公司运营着德国最大的天然气输送系统，长度约为 12000 公里。德国的 RWE 公司在西欧直接或通过国家子公司间接经营着约 50 个常规的 RWE 发电厂，总容量超过 50GW。

该项目参与方希望在德国共同建设第一个可公共使用的氢气基础设施。在 2024 年将绿色氢气的生产与德国的下萨克森州和北莱茵-威斯特法伦州的工业用氢客户紧密地联系起来。从林根到盖尔森基兴约 130 公里的天然气网络将成为第一个具有非歧视性使用和透明价格的氢气输送网络。绿氢将使用由下萨克森州林根市的风电来生产。为此，将在林根的 RWE 电厂所在地建造一个容量超过 100 兆瓦的电解水制氢工厂。输气系统运营商 Nowega 公司和 OGE 公司的现有天然气管道将被改造成能够输送 100% 的氢气管道。赢创公司计划在 Marl 化工园区和 BP 公司位于盖尔森基兴的鲁尔炼油厂之间铺设一条新的氢气管道。通过这些基础设施，将把气候中性的原料输送给工业客户。这些公司在其生产过程中使用绿氢，从而大大减少了二氧化碳排放量。

2025 年计划由 Thyssengas 公司连接荷兰边境 Vlieghuis 的进口点。输送系统运营商正在改造现有的天然气管道，以便能输送 100% 的氢气，同时铺设部分新的氢气管道。2026 年计划整合储存设施并进一步扩大基础设施。OGE 公司和 Nowega 公司计划在位于 Gronau-Epe 的 RWE 岩洞建立氢气地下存储设施。这使项目有了储氢的能力，氢气供应的安全性将得到决定性的提高。因此，以绿氢形式储存可再生能源是氢经济的决定性优势之一。即使在可再生能源电力长时间不可用的阶段，也可令用氢客户能够持续获得氢气供应。Salzgitter AG 钢铁公司正在其钢铁厂试运行一台由风能提供电力的电解槽（见表 3-1 SALCOS 项目部分）。在 2030 年前，计划通过现有的 Nowega 天然气管道将 Salzgitter AG 钢铁公司与 Get H_2 Nukleus 项目连接起来，这些管道将被改造成运输氢气。

但以上两个项目的执行也有一定困难。目前相关公司已经向联邦经济部提交 IPCEI 计划（欧洲共同利益的重要项目）的资金资助意向书，但最终的资金批准仍在等待中。获得补贴的审批过程需要很多文件性的工作。在补贴尚未批准的情况下，也很难在原有项目时间表和里程碑方面保持进度。其它不确定因素包括将修订后的欧盟可再生能源指令（RED Ⅱ）纳入德国法律。该指令使欧盟委员会能够通过授权法案制定绿氢的生产标准，从长远来看，生产绿氢的"额外性要求标准"等规定，可能对项目合作伙伴的商业案例产生负面影响。绿氢生产被要求必须使用新建/增建的可再生能源电厂的电力，才能被认可为"绿色"，这也影响到项目合作伙伴（如炼油厂），这些公司希望所使用的氢气能够获得"绿色标签"，以便未来对所生产的产品进行营销。

二、荷兰

荷兰有 20 个已经建成和正在建设的氢示范项目，表 3-2 列举了 4 个比较典型的示范项目。

表 3-2　4 个比较典型的示范项目

项目名称	项目情况	用途
PosHYdon，2019~2021 年（设计阶段）	在海上生产绿氢。该示范项目旨在通过位于荷兰北海的 Q13-a 平台上电解海水制氢，整合北海的三个能源系统：海上风能、海上天然气和海上氢气。示范的目的是获得整合海上运作的能源系统和在海上环境中生产氢气的经验	海上生产的氢气将通过现有管道与天然气一起运输到陆上，供工业、运输部门和荷兰的家庭使用
H$_2$ Filling Stations Den Helder，2019~2021 年（设计阶段）	在太阳能园区的 2.6MWp 电解水制氢。有两个分别给乘用车和卡车使用的加氢点，以及沿岸港口的加氢站，船只可以在那里加氢。同时将开发一艘氢燃料电池轮船	海运和公路运输燃料

续表

项目名称	项目情况	用途
Eemshydrogen Start，2019 年（设计阶段）	50～100MW 电解水制氢，直接使用风电。利用现有的天然气基础设施运输氢气。氢气的生产有助于消纳过剩的可再生能源电力。该项目也是降低绿氢生产成本研究的一部分	生产的氢可以储存、运输并提供给工业客户，以替代灰氢
Sustainable Ameland，2008～2011 年（完工）	PEM 电解水制氢，使用光伏电力。获得有关电解水制氢、管道掺氢过程、燃气管网和燃气设备的应用经验，并将 20% 的氢气注入到天然气管网中以促进能源转换	家庭供暖等

三、挪威

挪威有 15 个已经建成和正在建设的氢产业链中的示范项目，表 3-3 列举了 5 个比较典型的示范项目。

表 3-3 5 个比较典型的示范项目

项目名称	项目情况	用途
Utsira Island，2004～2008 年（完工）	48kW、10Nm³/h 碱性电解水制氢，2×600kW 风力发电机，10kW 燃料电池。氢能发电机：55kW、用于电网稳定的 5kWh 飞轮。利用风电和氢能的联合发电厂，研究如何为可再生能源充足但基础设施不足的偏远地区提供安全有效的能源 融资：挪威污染控制局和挪威研究委员会的支持，3330 万欧元（4000 万挪威克朗）	储存来自风电场的多余能量，在风电不足时提供电力

续表

项目名称	项目情况	用途
Tjeldbergodden Hydrogen Start，2023 年（设计阶段）	收集化工尾气膜分离制氢并进行碳捕捉。研究从合成气中分离氢气和二氧化碳的可行性，用罐车输运氢气，供应当地市场需求	面向多种应用
HyDEMO Start，2025 年（设计阶段）	蒸汽甲烷重整+二氧化碳捕获与封存（SMR+CCS），2.5 吨/小时。项目整体二氧化碳去除率超过 95%，重整过程中产生的二氧化碳（每年约 15 万吨）将被收集并通过管道运输，永久储存在二氧化碳储存地点	应用于工业过程和作为船用燃料
Green fertilizer project Porsgrunn Start，2022 年（宣布）	5MW 电解水制氢，$1087Nm^3H_2/h$。开发无温室气体排放的化肥生产技术。在合成氨工厂建造一座制氢工厂，同时用风光电解水制氢 合作方：Yara，NEL，SINTEF，PILOT-E 计划下的挪威研究委员会、挪威创新和 ENOVA 提供融资	向化肥厂供应绿氢
Kvinnherad Power-to-Gas Start，2023 年（宣布）	30MW 电解水制氢，$6667Nm^3H_2/h$，用电解水大规模生产液态氢。为渡轮提供液态氢，其价格可与化石燃料竞争	作为船用液体燃料

四、西班牙

西班牙有 25 个已经建成和正在建设的氢产业链中的示范项目，表 3-4 列举了 3 个比较典型的示范项目。

表 3-4　3 个比较典型的示范项目

项目名称	项目情况	用途
FIRST-Showcase Ⅱ，2000~2004 年（已完工）	孤岛技术解决方案，利用可再生能源电解水制氢，构成氢气系统（电解槽、存储、燃料电池）为电信设备供电。目标：评估将氢燃料电池技术引入可再生能源系统中，用于远程电信的可行性。公共与民营资金联合投资（50% 由欧盟委员会资助）：总预算为 340 万欧元，欧盟资助 170 万欧元	作为发电能源
Green Crane/Green Spider，2024~?（已宣布）	400MW 电解水制氢。在西班牙建立大型电解水制氢产能，通过基于液态有机载氢体的管道及道路运输向中欧供应绿氢	出口绿氢
HyDeal，2022~2030 年（已宣布）	67GW 电解水制氢，氢气产能 360 万吨/年。项目涵盖整个绿氢产业链。目标：到 2030 年以 1.50 欧元/千克的价格向南欧和中欧提供绿氢，从而使氢在成本上能够与化石能源竞争	没有公开信息

五、波兰

波兰有 8 个已经建成和正在建设的氢产业链中的示范项目，表 3-5 列举了 3 个比较典型的示范项目。

表3-5   3个比较典型的示范项目

项目名称	项目情况	用途
Pure H$_2$， 2020～2021 年（实施中）	在格但斯克的炼油厂建造氢气净化和分配工厂；在格但斯克和华沙各建造一个气态加氢站。两辆管束式拖车运输氢气，每辆至少可装载 320 千克气态氢，从格但斯克到华沙的运输路线为 350 公里。项目目标是在格但斯克和华沙之间的第一个氢气运输走廊建立氢气枢纽 投资：1000 万欧元，欧盟资助 200 万欧元	作为卡车和乘用车的燃料
ANWIL filling station and HRS， 2021～2022 年（实施中）	使用风能电解水制氢，170～600 千克/小时。在弗洛克拉维克建造一个氢能供应系统、一座氢气纯化工厂、两座加氢站为氢燃料电池卡车和油罐车供氢。项目目标是到 2022 年，在 ANWIL 位于 Wloclawek 的生产基地建立一个氢能中心。海上风力发电厂投入使用之前，初期使用灰氢运营	在公共和货运（卡车、火车）中使用氢作为燃料
HyStorIES， 2021～2022 年（实施中）	波兰、奥地利、德国、西班牙、法国联合参与的欧洲地下储氢项目。在资源枯竭的地层或含水层中开发氢气地下储存潜力，适用于未来各种可能的场景 投资：250 万欧元（公开的信息）	地下大规模储氢

欧洲各国通过上述示范项目进行验证的氢能技术包括：

（1）制氢技术方面：PEM 电解水制氢；碱性电解水制氢；直接使用陆上和海上风电电解水制氢；太阳能发电电解水制氢；蒸汽甲烷重整制氢结合 CCUS；收集化工尾气后膜分离制氢并进行碳捕获；利用钢铁企业的高温余热参与高温电解水制氢以降低制氢的电耗等。

（2）氢储运技术方面：纯氢管道输氢；氢气掺混到天然气管道中输送；管束拖车输氢；液态有机储氢载体通过管道和道

路储运氢；用岩穴作为储气库储氢；在资源枯竭的地层或含水层中储氢等。

（3）氢能应用领域：电解水制氢后液化，作为轮船的燃料；绿氢加氢站；氢燃料电池供电；氢气燃气轮机发电；氢能热电联供；氢能炼钢；波动的可再生能源发电与氢基化学工业生产结合；利用可再生能源电解水制氢，再用氢燃料电池作为后备系统，为电信设备供电；绿氢合成氨；氢气制甲烷；绿氢大规模应用前，在加氢站使用灰氢等。

可以看到，欧洲各国的氢能示范项目几乎涵盖了氢产业链上所有技术环节。

第四章　日本和美国的氢经济战略与实践

第一节　日本的氢经济战略与实践

日本对氢的需求与欧盟相近。与欧美相比，日本的特点是地域狭小，又是岛国。在日本当地利用可再生能源制氢既缺乏资源，成本又高。因此，日本的氢经济策略是，在海外可再生能源资源丰富的地区制氢，并将氢或氢的衍生品通过海运运输到日本。

2014 年，日本确定导入和推进氢能的基本能源规划，其目标是确保能源的安全供给、提高经济效益、环境友好以及推进国际化、开发国际市场，以促进经济增长。2014 年 6 月，日本经济产业省根据第四次能源基本计划的氢能社会发展战略目标，立即出台了《氢能和燃料电池战略路线图》；2015 年 3 月，紧接着研究制定了"氢燃料发电研究报告"；2016 年 3 月，重新修订了《氢能和燃料电池战略路线图》；2017 年 3 月，又进一步研究制定了"零碳氢燃料研究报告"；2017 年

12 月，公布了"基本氢能战略"；2018 年，发布了第五次《能源基本计划》；2019 年 3 月，日本公布了其氢能发展路线图，如表 4-1 所示。这一系列频频出台的文件构成了日本氢能发展的总体战略、路径与方向。

表 4-1 日本发展氢能路线图[36]

应用领域	时间	目标
氢能汽车	2025 年	产能：20 万台；成本：70 万日元；燃料电池系统：5000 日元/千瓦；储氢系统：30 万日元
	2030 年	产能达到 80 万台
加氢站	2025 年	数量：320 座；维修费用：2 亿日元；运营费用：1.5 千万日元；空压机：5 千万日元；储氢系统：1 千万日元
	2030 年	加氢站数量达到 900 座
氢能公交	2023~2024 年	氢能公交单价：5250 万日元
	2030 年	氢能公交增至 1200 台
发电	2030 年	发电单价（实现商用）：17 日元/千瓦时
电解水系统	2030 年	电解水装置成本：5 万日元/千瓦时；电解水效率（能耗）：4.3 千瓦时/标准立方米
氢气供给	2030 年	氢气总量达到 30 万吨；氢气成本（电厂接入成本）：30 日元/标准立方米

在氢能生产与供应方面，目前日本的氢能主要来自于化石能源加工的副产品和天然气水蒸汽重整制氢，正在进行氢能供应链的开发及量产示范。2030 年计划形成 30 万吨/年的商业化供应能力。日本计划开拓国际氢供应链，在海外大量制氢，运回到日本。制氢的重点地区是煤炭资源和太阳能资源丰富、政治体制相近且社会稳定的澳大利亚。同时开发国内可再生能

源电解水制氢，提供绿氢的供应。到 2050 年氢能产量达到 500 万吨/年至 1000 万吨/年，实现无二氧化碳排放的氢的供应，比如褐煤生产氢同时结合碳捕捉和封存技术，以及利用可再生能源制氢等，未来主要用于氢能发电[37]。

在氢能运输方面，日本北九州的一些小区住宅也已通过氢气管道供电和供热，其氢能来自当地钢铁厂炼焦过程的副产氢。日本第一阶段计划在氢能制备基地附近铺设，并与加注站配套形成氢气管网；第二阶段计划 2030 年以后将重点在沿海地区形成区域氢管道网络；第三阶段计划重点开发利用既有的城市天然气管道。此外，为了布局海外氢供给体系，日本大力开发氢的海运技术，开展了包括液氢、液氨、液态有机氢载体的示范项目。2022 年 2 月千代田公司首次以甲基环己烷（MCH，液态有机氢载体的一种）为基础的海洋氢运输后，全球首艘液化氢运输船 Suiso Frontier 经过约三周半的航行，成功搭载首批澳大利亚氢抵达日本[38]。

在加氢方面，计划加氢站从目前的 137 座增加到 2025 年的 320 座，并于 2030 年增加到 900 座，到 2050 年加氢站代替天然气加气站。大幅缩减加氢站的维修和运营费用，于 2025 年将加氢站使用的空压机和储氢系统的成本分别降至 5000 万日元和 1000 万日元。

在交通运输领域，到 2025 年使燃料电池汽车拥有与电动汽车比肩的价格优势，燃料电池系统成本从 2 万日元/千瓦降至 5000 日元/千瓦，储氢系统成本从 70 万日元降至 30 万日元；力争于 2025 年使燃料电池汽车产量达到 20 万台，2030 年达到 80 万台，氢能公交增加到 1200 台。在 2050 年计划将燃料电池汽车取代传统汽油燃料车[36]。

在家用热电联供方面，日本 2009 年上市的家用燃料电池热电联供系统 Ene-Farm 一套装置可提供日本普通家庭平均能耗的 40%～60%，减少约 50% 的碳排放，每年节省 60000～75000 日元电费[39]。日本政府同时设立了"民用燃料电池补助金"制度对消费者进行补助。目前，日本已有 23 万户家庭安装家用热电联供分布式燃料电池。到 2030 年家用热电联供分布式燃料电池将计划进入 530 万个家庭，到 2050 年家用热电联供分布式燃料电池取代传统居民的能源系统。

在发电方面，2015 年 3 月，日本政府制定了"氢燃料发电研究报告"。2016 年 6 月，日本政府又制定了最新的"新一代火力发电技术路线图"，明确提出了到 2030 年全面发展氢燃料发电的战略目标，计划到 2030 年将发电成本降低到 17 美分/千瓦时，2050 年降为 12 美分/千瓦时[40]。

日本的氢能发展战略是在氢能生产、储运和应用整个产业链的总体战略指导下，选择安全、便利、经济和清洁的氢能应用技术，分阶段推进重点研发、商业推广和市场普及，实现能源结构的供给侧改革，从而保障本国的能源安全。

日本的示范项目主要关注于制氢端、储运、燃料电池以及电力系统等领域。在制氢方面，2017 年，日本川崎重工与挪威 NEL 氢能公司实施利用水力发电生产氢能的示范合作项目，预计年制氢约 22.5 万～300 万吨，如果项目成功，最终的目标是在挪威使用风力发电，通过油轮将液化氢输送到日本，实现商业化零碳排放制氢。2018 年，川崎重工业公司和澳大利亚电力生产商 AGL 能源公司宣布在维多利亚州拉特罗贝河谷建造一座煤气化示范厂，项目将于 2020 年开始运行，以测试将褐煤转化为氢的可行性，然后将其液化运往日本。2021 年，日本环境省列出 65.8 亿日元预算用来推进可再生能源制氢项目，努力提高日本国内生产清洁高效氢气的能力。

在氢储运方面，2016 年，日本和沙特阿拉伯成立联合小组，期待通过以氨为载体，将沙特阿拉伯氢气运到日本。2017 年，日本千代公司、三井公司、三菱公司和裕森公司成立了"先进的氢能链技术开发协会"，他们与文莱达成协议，利用文莱天然气液化厂的副产品通过蒸汽重整进行氢气生产，生产出来的氢气利用液态甲基环己烷（液态有机储氢载体）运输至日本。2021 年，日本经济产业省投入 48 亿日元进行世界首次氢气运输船运输液化氢的验证实验，从澳大利亚将液化氢运到日本，旨在保证日本氢源供给。

在 CCS/CCUS 方面，2016 年，日本经济产业省正式开始在北海道苫小牧海底开展碳捕捉和储存技术的验证实验，旨在验证二氧化碳海底储存技术的有效性。实验内容是回收苫小牧市炼油厂排放出的二氧化碳，通过管道送至海底储藏处。苫小牧试验基地截止到 2019 年 11 月 22 日累计储存 30 万吨二氧化碳，圆满完成预期目标，目前已经停止储藏，进行泄漏监测。2020 年，日本环境省开始在福冈县大牟田市三川火力发电厂开展二氧化碳分离回收技术的验证项目。2021 年，日本经济产业省针对 CCUS/CCS 技术开发的预算达到 453 亿日元[36]。

在燃料电池汽车领域，2002~2010 财政年度，日本经济、贸易和产业省资助了"燃料电池系统示范研究"项目，涵盖"燃料电池车的示范研究"和"氢基础设施示范研究"两个主题。项目分两个阶段实施，日本汽车研究所、日本工程促进会、日本石油能源中心、日本天然气协会先后主持了这两个阶段的研究，丰田、本田、三菱、尼桑等日本主要汽车制造商都拿出自己的主要燃料电池车型加入了研发。同时，日本各地有15 座加氢站也参与其中。这些项目的实施对日本燃料电池汽车的发展起到了巨大的推动作用。2014 年，丰田公司生产的

MIRAI 正式发售，该车型是全球首个商业化的氢燃料电池汽车，之后本田公司又发布了 CLARITY 车型。这使得日本在氢能汽车技术商业化方面处在世界领先地位。

在热电联供方面，1992 年日本开始了针对燃料电池的质子交换膜进行基础研发，探索氢能在住宅中的应用。2001 年开始进行小规模固体高分子型燃料电池的研发和示范，2009 年固体高分子型燃料电池热电联供系统正式上市销售，2011 年固体氧化物型燃料电池热电联产系统也上市销售。

在发电方面，日本的三菱、日立电力系统公司和川崎重工业公司都在研究氢的直接燃烧以及与天然气共同燃烧发电技术。在煤气化联合循环中混入 50% 以上氢能的燃气涡轮机也逐步进入商业化生产[37]。

第二节　美国的氢经济战略与实践

美国西部的太阳能资源非常丰富，也有非常丰富的天然气气源，风力资源也不错，发展氢经济的资源条件很好。不需要像欧盟和日本那样，需要从国外进口氢或氢的衍生化学品。

在过去的 20 年里，美国能源部（DOE）在氢能和相关领域投资了超过 40 亿美元，主要包括氢气生产、运输、存储以及燃料电池和氢能燃气涡轮机发电等技术的研发。这些研究成果与工业项目相结合，取得了许多成功，例如，使用化石能源应用配备碳捕获和储氢装置的制氢技术；燃料电池的制造成本降低了 60%，耐久性提高了 4 倍。截至目前，美国能源部已颁发了 1100 多项美国专利，并在市场上推出了 30 多项商业技术。但是与日本和欧盟国家相比，美国近年来在氢经济领域步伐较慢。2020 年 11 月，美国能源部发布了《氢项目计划》，为其氢研究、开发和示范活动提供了战略框架。2022 年 9 月，美国能源部发布《国家清洁氢能战略和路线图（草案）》，指出到 2050 年清洁氢能将贡献约 10% 的碳减排量，到 2030 年、2040 年和 2050 年美国清洁氢需求将分别达到 1000 万吨/年、2000 万吨/年和 5000 万吨/年，该草案确定了美国清洁氢能价值链的近、中、长期行动计划，未来有望在氢经济领域加快发展步伐[41]。

策略一：战略性的、高影响力的氢气利用

虽然氢的多功能性使其能够用于多个领域，但 DOE 的重点将是用于脱碳领域的清洁氢，如工业和难以电气化的重载运输。化工脱碳，使用化石燃料作为化学原料，或产生高温热量，或长时间需可调度电力的一些工艺，需要应用清洁燃料（如氢气）来脱碳。例如，氨和甲醇制造业占全球化学品温室气体排放的大部分，这两个行业在美国都依赖天然气作为原料。如果使用清洁的氢气，这些工艺可以脱碳 90% 以上。炼钢约占全球温室气体排放量的 7%，并依赖焦炭和天然气炼铁，改用清洁氢作为还原剂可以减少炼铁的二氧化碳排放量。电网脱碳，长期储能技术将成为促进各行业使用清洁电力增长的关键。在燃料电池或低 NOx 燃气涡轮机中使用氢气是实现电网多天可调度电力的主要选择。在高电气化率的情况下，更清洁可能需要氢气和其它清洁燃料来提供可靠的电力，并将波动的可再生能源电力整合到电网中，以获得稳定、可调度的电力。交通运输脱碳，氢气在卡车运输领域具有非常大的应用价值，特别是对于重载车辆、长距离（>500 英里）路线或需要快速加油的多班次作业的车队。氢气也是生产液体燃料的重要原料，

这对于航空、铁路和船舶等大规模能源应用来说是必要的。在短期内，清洁氢可以取代石油精炼中用于常规运输燃油的常规氢。从中长期来看，氢气可用于从生物质中生产生物燃料，并可用于替代石油的液体燃料，特别是在越野车市场。

策略二：降低清洁氢气的成本

Hydrogen Shot 计划已于 2021 年 6 月启动，将促进创新和规模，刺激私营部门投资，促进整个氢气供应链发展，并大大降低清洁氢成本[①]。举例说明，到 2026 年，美国的《两党基础设施建设法案》（BIL）要求达到 2 美元/千克清洁氢所需的成本是基于 30 美元/兆瓦时的电力成本和 300 美元/千瓦的资本成本，而 1 美元/千克的 Hydrogen Shot 目标需要 20 美元/兆瓦小时和 150 美元/千瓦。假设电解槽容量因数为 90%，这意味着可再生能源需要由清洁的基本负荷电力（如核能）补充。这种情况表明，资本成本需要降低 80%，运营和维护成本需要降低 90%。此外，成本、效率、电价、利用率和耐久性的其它组合，包括高温电解槽的热源使用，都有可能帮助实现 Hydrogen Shot 目标。

成本降低不仅限于氢气生产。例如，氢价值链上各种技术和组件的成本也需要考虑在内。DOE 将继续加强行动，以降低整个价值链上所有关键技术的成本，包括减少供应链的脆弱性。DOE 发布了一系列清洁能源供应链的评估，包括燃料电池和电解槽的供应链。根据 BIL 的电解槽和清洁氢制造和回收规定（五年内 15 亿美元）将与年度拨款一起用于实施这一战略。

---

① Hydrogen Shot 目标是在 10 年内实现 1 千克清洁氢生产成本降至 1 美元，该计划旨在十年内加速突破更丰富、更经济、更可靠的清洁能源解决方案，同时创造高薪工会就业机会并促进经济增长。

目前有四种主要的大规模氢气输送方法：压缩气体管拖车、液体罐车、管道（用于气态氢气）和化学氢载体。管拖车和液体罐车通常用于氢需求发展但尚未稳定的地区。当几十年的需求可预测且区域规模为每天数千吨时，通常使用气体管道。化学载体主要面向远距离氢气输送和出口市场，可大致分为单向或双向载体。单向载体是指在释放氢气后不会释放副产物以供再次使用或处置的材料（如氨）。双向载体是指其产品通常在氢气释放后返回处理以供再使用或处置的载体（如甲基环己烷/甲苯）。化学氢载体的使用处于商业化的早期阶段，需要努力研发来提高这些材料的载氢能力，提高充放电率、可逆性和总体往返效率。

氢气在运达后，可能需要在使用前进行现场调节（例如，加压、预冷或净化）。在加氢站，压缩、储存和分配是平准化成本的三大驱动因素。需要进行研发工作，以降低成本、提高可靠性并提高这些组件的吞吐量。一旦分配完毕，氢气通常储存在车辆上的全金属或复合材料外壳的压力容器中。需要进行研发以降低当前设计的成本，例如，通过降低碳纤维外包装的成本，并推进船上存储的新方法，如利用绝热液氢罐。

策略三：关注区域网络

第三项战略将侧重于实现清洁氢的大规模、商业上可行的部署，使清洁氢供应规模与随之而来的不断增长的区域需求相匹配。将大规模清洁氢生产与多种用途相结合，可以促进低成本氢的开发，以及必要的配套基础设施建设，从而在重要的市场领域启动氢经济。区域氢网络将创造短期和长期的就业机会，增加区域经济体的税收，并减少二氧化碳排放。

为了支持以上三个策略，DOE 制定了近期（最长 2 年）、中期（最长 7 年）和长期（最长 15 年）的 178 个关键目标（见表 4-2），以应对清洁氢系统和技术发展的挑战。

表 4-2　2022~2036 年主要目标规划[42]

领域	2022~2023 年	2024~2028 年	2029~2036 年
制备	● 3 条或更多可能满足 Hydrogen Shot 的途径 ● 10000 小时高温电解槽测试 ● 生命周期排放评估的 3 条或更多路径 ● 1.25MW（兆瓦）电解槽与核能集成用于氢气生产 ● 2 份或更多有条件贷款计划协议	● 使用可再生能源（包括海上风电）和/或核能以及使用 CCS 的废弃物燃料/化石燃料的 10 个或更多示范项目 ● 到 2026 年电解产生的清洁氢每千克 2 美元 ● 51 千瓦时/千克效率；80000 小时寿命；低温电解槽 250 美元/千瓦 ● 44 千瓦时/千克效率；60000 小时寿命；高温电解槽 300 美元/千瓦 ● 20MW 的核能提取、分配和电解控制	● 美国每年从不同来源生产 1000 万吨或更多清洁氢气 ● 按规模从不同资源生产 1 美元/千克清洁氢 ● 46 千瓦时/千克效率；80000 小时寿命；低温电解槽未安装成本 100 美元/千瓦 ● 80000 小时寿命，200 美元/千瓦高温电解槽成本，同时保持或提高效率
基础设施和供应链	● 重型应用的平均氢气加注速度为 10kg/min ● 与现行（2016 年）规范相比，液氢加氢站的占地面积减少了 40% ● 氢气设备的密封和金属耐久性比 2018 年基线提高了 50% ● 400kg/hr 高压压缩机和低温泵 ● H_2 流量计的精度为 5% 或更高，且流量可达 20kg/min	● 7kWh/kg 氢液化效率 ● 氢储存容器碳纤维成本降低 50%（与 2020 年相比） ● 从燃料电池膜电极组件（MEA）中 50% 的膜/离聚物材料回收率和 >95% 的铂族金属（PGM）回收率 ● 美国具备 3GW 或以上的电解槽制造能力	● 按规模计算，每千克氢气成本为 4 美元（包括加油站的生产、交付和分配） ● 70% 的膜/离聚物材料回收率和 99% 的 PGM 回收率 ● 3 条或 3 条以上有效减排途径，同时满足环境和能源正义优先事项

续表

领域	2022~2023 年	2024~2028 年	2029~2036 年
终端应用与用户	• 重型卡车燃料电池成本为 170 美元/千瓦，基线为 200 美元/千瓦 • 18000 小时的燃料电池耐久性巴士 • 1.5 兆瓦或更多的氢燃料电池 • 1 兆瓦规模的电解槽和船用燃料应用 • 15 辆燃料电池运输卡车在弱势社区运营，为市场增长创造潜力，减少排放并创造就业机会 • 1 个或更多集成氢用于氨生产示范项目	• 140 美元/千瓦重型卡车燃料电池成本 • 与 2020 年基线相比，燃料电池 PGM 用量减少 50% • 利用氢每周减少 1 吨铁，并达到 5000 吨/天 • 100% 纯氢涡轮机，9ppm NOx 排放，2ppm 选择性催化还原 • 完成 3 个氢燃料电池超级卡车项目 • 2 个以上与部落合作的试点项目 • 4 份社区利益协议模板 • 利用多种资源建立 4 个或更多的区域性清洁氢枢纽，用于多种战略性终端应用	• 重型卡车燃料电池成本达到 80 美元/千瓦，同时满足耐久性和运行性能 • 900 美元/千瓦和 40000 小时耐久性燃料柔性固定燃料电池 • 4 个或更多的氢能应用项目（例如，钢铁、氨、存储） • 每年在战略市场使用 1000 万吨或更多的清洁氢气，规模与能源部国家氢战略目标一致

值得一提的是，2022 年 5 月，G7 成员国（美国、日本、英国、德国、法国、意大利、加拿大）正式启动《氢行动公约》（Hydrogen Action Pact），其目标包括加强对电转氢及氢衍生物（Power-to-X）、氢和衍生物（特别是氨）的联合行动，并简化现有多边倡议的实施。2022 年 11 月，国际可再生能源署（IRENA）发布《七国集团（G7）加速氢能部署行动建议》，指出 G7 成员国承诺最迟在 2050 年实现净零排放，通过依靠发展可再生能源、提高能源效率和电气化水平来实现净零排放目标。行动建议包括：在全球范围内加快低碳和可再生氢的开发，重点是难以减排的行业；制定监管框架和标准，以促进低碳和可再生氢的生产、贸易、运输和使用；确保对低碳和

可再生氢的市场增长做出财政承诺；确定并填补低碳和可再生氢价值链升级方面的现有差距；相互交流关于可持续性标准的最佳做法，并促进关于全球氢市场的地缘政治影响的对话；支持低碳和可再生氢在天然气和电力系统脱碳中的作用[43]。

美国工业每年生产约1000万吨氢，而全球每年约9000万吨，主要用于石油炼制、氨和化学工业。图4-1显示了2021年美国各行业的氢使用分配情况。

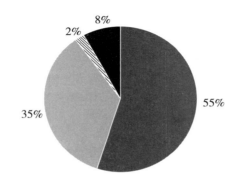

■ 炼油　▨ 合成氨和甲醇　▧ 金属工业　■ 其他

图4-1　2021年美国氢能终端消费占比

美国目前有大约1600英里的专用氢管道和三个地质洞穴，其中包括世界上最大的地质洞穴，可以储存350吉瓦时（GWh）的热释能，足以支持一个核电厂一周。除了石油和化肥生产，氢的使用现在正在进入其它最终用途，其中包括5万辆燃料电池叉车，近50座开放的零售加氢站，大约70辆燃料电池公交车，超过13000辆燃料电池汽车，以及超过500兆瓦（MW）的燃料电池用于固定和备用电源。

2021年7月，美国能源部宣布投入5250万美元用于支持31个氢能相关项目，旨在促进氢能的技术进步，并加快市场化进程。31 个项目中包括改进并简化电解水制氢设备，生物制氢研究，电化学制氢研究，燃料电池系统设计，电力行业脱碳，碳捕集、利用和封存系统设计，氢气和天然气混合燃气机设计，氧化物电池设计，以及美国氢供应链研究等方面。可以看出，美国希望不断完善氢能产业链的各个环节，稳固其氢能领先地位[44]。

在氢能制备的项目方面，美国几个州和地区正在积极推行清洁氢项目。基于公开信息和能源部资助的项目数据，到 2022 年 5 月宣布或运营的氢能相关项目，其中在建与运行的电解水制氢项目的总规模大于 620 MW。

第五章　中国氢经济的发展现状和趋势分析

氢经济是氢产业链上各个环节的综合经济体。21 世纪初，中国就开始了面向未来的氢经济的战略研究和科技研发。中国政府对氢经济的发展非常重视。这些年的相关政策，特别是对氢能汽车示范的补贴，使得中国在氢能汽车、制氢和氢物流方面进展很快，走进了全球氢经济的第一梯队。氢产业链上各个环节的发展是不平衡的。在开发氢经济的各个产业链时，必须注意各个环节在各个时间段的技术经济发展水平，特别是各项技术达到经济性不需要补贴的应用爆发时间点。在距某个技术应用爆发时间点还较早的阶段，投资重点应放在研发和试验上；在临近应用爆发时间点前再投资试生产和示范项目；其后根据成本和补贴的幅度决定小规模实验的规模；待有经济性不需要补贴时，再大规模发展。2015～2018 年，中国光伏发电领域在给予高额补贴的情况下大规模发展导致财政补贴累计高达上万亿元的深刻教训值得借鉴。[45]。因此，预测氢经济产业链上各个技术环节的应用爆发时间点就显得非常重要。本章就此作为焦点进行讨论。

第一节　制氢环节

在制氢环节，国际上普遍的看法是，远期主要的制氢模式是用可再生能源电力电解水制氢，即所谓的绿氢。电解水制氢的成本主要取决于电价和制氢设备的折旧成本。过剩风光电的价格很低，几乎为零，因此，未来电价不是问题。但是现在风光电过剩的时间较短，使用过剩风光电制氢时，电解水制氢设备的运行时间太短，因而造成电解水制氢设备的折旧成本较高，电解水制氢的成本目前远高于工业副产氢、生物质制氢和煤炭制氢，需要财政补贴。

因此如果现在支持氢的应用开发，比较经济的方法就是使用工业副产氢，生物质制氢，甚至使用灰氢，即有二氧化碳排放的煤制氢或天然气制氢，用灰氢作为制氢的过渡性解决方案。

由于生物质所含的碳是在生物生长期间从空气中吸取的二氧化碳中获得的，因此生物质制氢在其生命周期中对大气的新增二氧化碳排放为零。生物质制氢可采用类似于煤制氢的工艺，单位能量的生物质价格与燃煤接近，因此生物质制氢的价格与煤制氢接近，现阶段比电解水制氢有明显的经济性。中国年产约12亿吨林业和绿化剩余物、农作物秸秆生物质，拿出一半即6亿吨生物质，每年可制4000万吨左右的绿氢。如果用电解水制4000万吨的氢，需要消耗约2.2万亿千瓦时的电力。生物质制氢的工艺流程为：生物质气化（其工艺类似于煤气化）制合成气（一氧化碳和氢气）、一氧化碳变换制氢气和氢气洗净提纯，这些技术现在都已经很成熟。生物质制氢的工艺成本接近煤制氢的成本，制氢的成本仅为 10~20 元/千克氢，远低于现在的电解水制氢成本。而且生物质在全国的分布范围很广，各地都有大量的林业/绿化剩余物和农作物秸秆，可以就地制氢就地使用，甚至可以将生物质制氢工厂设在加氢站和氢气管道附近，这样就大大节省了物流费用。如果借此实现用氢能重卡在全国范围替代燃油卡车，其经济意义、能源供应安全的意义和交通运输领域二氧化碳减排的意义都非常重大。农作物秸秆制氢还可减少秸秆焚烧带来的大气污染问题和农作物秸秆直接还田带来的加重农作物病虫害问题，可以增加农民的收入。现在很多地方用生物质气化发电或供热，充分说明了生物质气化技术的成熟程度和成本低廉的程度。因此可将其作为近期零碳制绿氢的重要发展方向。

在灰氢中，使用电网的电力虽然会提高电解水制氢的设备利用率，降低电解水固定资产的折旧成本，但是除了中国的西南地区，中国大部分地区是煤炭发电量，而使用煤电再电解水制氢的二氧化碳排放量为约 $4kg/m^3$ 氢气，而煤制氢仅为约 $1.6kg/m^3$ 氢气，用煤电制氢的二氧化碳排放和成本都很高，不应鼓励。而且使用电网中的电力制氢成本也比工业副产氢和煤制氢高。

需要说明的是，燃烧 1 升柴油的二氧化碳排放约为 2.66 千克，而氢燃料电池，按照提供到车轮的有效牵引力，每约 1.7 立方米氢气——即约 0.15 千克氢气等价于约 1 升柴油。如果使用工业副产氢 1.7 立方米，则排放约 1.9 千克的二氧化碳。使用工业副产氢驱动燃料电池汽车，二氧化碳排放比使用柴油汽车还低。使用工业副产氢，有四个优点：制氢成本低，可减少二氧化碳排放，可减少汽车的尾气污染物排放，可减少对进口石油的依赖以提高能源供应的安全性，故应大力推广。

如果使用煤制氢 1.7 立方米，则排放约 2.72 千克的二氧化碳；即使用煤制氢驱动燃料电池汽车，二氧化碳排放仅比使用柴油汽车高约 2%，几乎相等；而煤制氢的成本较低，也减少了汽车的尾气污染物排放，同时减少了对进口石油的依赖；缺点是略微提高了二氧化碳的排放。需要特别指出的是，如果用煤制油，则每升煤制柴油的二氧化碳排放量约为 8 千克。因此，煤制氢供氢燃料电池汽车使用，二氧化碳排放远低于煤制油供汽车使用。考虑到石油供应安全对中国非常重要，同时氢燃料电池汽车及早发展，有利于中国在这个领域提高国际竞争力，而增加二氧化碳排放微乎其微。因此，在有富裕煤制氢的地方，政府亦应在现阶段适当鼓励利用煤制氢发展氢燃料电池汽车。

从经济性的角度出发，中国近期应利用生物质制氢和工业副产氢支撑氢能汽车的发展。中远期风光电富裕的时间增加令风光电电解水制绿氢的成本降低后，再逐渐增加其制氢量。近期大规模使用风光电电解水制绿氢需要大量的财政补贴，会增加国家实现碳中和的成本。从科技发展的角度出发，可再生能源电解水制氢、太阳能光解水制氢、海水制氢等技术及其关键材料设备的研发仍需继续推进，未来因地制宜选择制氢技术路线，逐步推动构建清洁化、低碳化、低成本的多元制氢体系。

绿氢的成本在不断下降，电解水制氢作为风光发电场的过剩风光电消纳的模式替代蓄电池储能系统，由于减少了蓄电池储能系统的投资，则制氢的综合成本会大幅下降。估计到 2030 年左右，绿氢的成本会大大降低，加上二氧化碳排放权交易价格的提高，替代蓄电池储能系统的效益，则使用过剩的可再生能源电力电解水制绿氢，会出现爆发性的增长。届时将在中国的西部和北部风光电充足的地区大规模制氢，再用氢气管道输送到经济发达的中东部地区使用。

第二节 氢的应用

现在的灰氢主要应用在化工——制氨、制甲醇、石油的炼制和加工领域。

未来零碳绿氢的主要应用领域除了化工外，还会大规模应用在交通运输、风光电的消纳和补偿以及冶金。根据氢在不同领域替代化石能源的成本不同，这四个领域大规模应用的爆发时间估计如下：

一、氢能重卡，2026 年前后开始；氢能小汽车，2030 年前后开始

氢能汽车有非常重要的战略意义。

燃油重卡的尾气污染问题在很多地方特别是在大城市和港口是主要的大气污染源之一，而使用氢燃料电池的氢能重卡几乎没有大气污染物排放。用氢能重卡替代燃油重卡可以消除柴油重卡这个主要的大气污染源。

全球重卡的年销量为 300 多万辆，年产值高达 1 万多亿元。其中，中国重卡的年销量为 100 万辆左右，年产值高达数千亿元，因此重卡是重要的工业产品领域。在全国范围大规模制氢支撑氢能汽车首先是氢能重卡的发展，对中国汽车工业在全球氢能汽车领域争夺领先地位非常重要。中国氢能汽车特别是氢能重卡的生产成本目前处于国际领先地位，因此，在全国范围普遍提供廉价的氢能供氢能重卡的大发展，有非常重要和

深远的意义。中国早一点发展氢燃料电池汽车，就能保持在全球氢燃料电池汽车的第一梯队中，就像现在中国的纯电动汽车和电动汽车动力电池占有量在全球所处的地位一样。

中国的石油消耗严重依赖进口，现在进口原油已占原油消耗的70%左右，能源供应安全严重依赖国际关系。中国每年消耗的2亿吨柴油几乎全部是从原油中提炼的，煤制油每年只有几百吨。中国现在重卡的保有量为近1000万辆，每年消耗1亿多吨柴油，占全国柴油消耗量的一半左右。如果用氢能重卡替代燃油重卡，则会显著增强中国的能源安全性。

汽车若使用氢燃料电池，按照提供到车轮的有效牵引力，约0.16千克氢气等价于1升柴油。近年来每升柴油的价格为6~8元，不计燃油税，也需要5元左右。而0.16千克的工业副产氢洗净至99.99%以上可供氢燃料电池使用的纯度，成本不到2元。因此，只要氢燃料电池动力系统的成本与传统内燃机动力系统成本的价差能够在汽车的生命周期内用氢气与柴油或汽油的价差弥补，则氢燃料电池汽车的应用将实现快速拓展与广泛应用。2017年，氢燃料电池动力系统的单位功率成本尚为1万元/千瓦左右，而2022年已经下降到只有5000元/千瓦左右，预计2025年会下降到3000元/千瓦以下。

柴油重卡每年使用的柴油比小汽车使用的汽油量高一个数量级，为每年1万~4万升，使用工业副产氢气的氢燃料电池重卡比使用柴油重卡，每年可节省燃料费用数万元甚至十多万元。重卡使用氢燃料电池动力系统，其节省燃料的经济效益比小汽车明显，因此氢燃料电池重卡的应用会首先爆发，爆发的时间预计在2026年前后。

中国现在每年用于重卡的柴油为1亿多吨，呈逐年增加的趋势。如果这1亿多吨柴油全部用氢气替代，就是2000万吨左右的氢气。

有文章指出[46]，整个燃料电池系统的使用成本正在快速下降，2022 年已经降至约 3000 元，2023 年进一步降至 2500 元左右，并预计到 2025 年有望降至 1000 元左右，2030 年降至 500 元左右。氢燃料电池系统的成本还会大幅下降，到 2030 年，会下降到 1500 元/千瓦左右。若氢燃料电池系统的成本在现有基础上降低 50% 以上，氢燃料电池汽车将在小型汽车市场实现更为广泛的推广应用，并在未来逐步占据一定规模的市场份额。虽然在小汽车市场，纯电动汽车未来在很长一段时间里，都会比氢燃料电池汽车的比例要高。

另外，在能源安全、汽车尾气污染减排和二氧化碳减排方面，用国产的氢气也远远优于使用进口石油制取的汽柴油。这是附带的效益。

中国的氢燃料电池汽车紧跟全球的发展趋势，从产业化的角度来看，处于国际第一梯队。鼓励氢燃料电池汽车的应用，对于中国在这一领域形成新的经济增长点和国际竞争的优势地位至关重要。因此，交通运输应当是氢经济的"领头羊"。

二、化工，在生产氨、甲醇、用于炼油和石油化工的加氢工艺中，减少二氧化碳的排放

大规模应用的时间节点难以明确预估。在化工领域，以前主要使用由天然气和煤炭制取的灰氢，中国每年的灰氢制取量为 3000 多万吨。这个领域的氢经济，指的是制氢的二氧化碳排放不断降低直至实现零碳。这项工作一直在做，但以前主要是靠提高化石能源的使用效率。未来制氢的二氧化碳减排主要靠使用可再生能源，包括生物质和过剩的风光电。在化工领域，早就开始使用工业副产氢了。估计在这个领域大规模用电

解水制的绿氢替代使用煤炭或天然气制的灰氢，大概率在2030 年以后。

2023 年化工用氢量已超过 4000 万吨。未来超过 5000 万吨/年是大概率事件。

三、氢能发电/热电联供，2030 年左右开始

未来，风光电将成为电源主力。风光电的日波动，主要依靠工业、建筑、电动汽车智慧充电的灵活用电（或称智慧用电），采用抽水蓄能，压缩空气储能和蓄电池储能等方式来进行调节。其中只有长时间特别是季节性的电力波动主要依赖电解水制氢和发电来进行调节：在风光电较丰富的季节更多地通过使用过剩的风光发电量电解水制氢并储氢，在风光电短缺的季节用存储的氢通过氢燃料电池发电。

氢能发电和热电联供有双重作用：一是在可再生能源发电过剩的季节电解水制氢，在冬季用氢能发电弥补季节性的可再生能源发电量不足；二是用氢能发电的余热在冬季供暖，替代相当一部分现在由化石能源承担的供暖能力。因此，电解水制氢、氢能发电和氢能热电联供未来是消纳和补偿风光电长时间波动的主力，而且可能是消纳和补偿风光电长时间波动的唯一主力。

在地下，如盐穴或采空的地下天然气田储氢，是按单位能量储能系统成本较低的能源存储模式，因此氢气可作为季节性的能源进行存储。如前所述，预计到 2030 年，氢燃料电池发电系统的单位功率成本会降低到 1500 元/千瓦左右。而燃气发电系统的单位功率成本为 3000 元/千瓦左右。由于未来有大量其它廉价的日波动消纳和补偿能力，氢燃料电池发电系统主要用作长时间特别是季节性的补偿电力。未来所需长时间补偿电

源的年发电小时数少（譬如以每年发电 1000 小时为上限）的补偿发电功率需求会越来越大。使用单位功率发电成本很低的氢燃料电池发电系统，可比燃气发电系统节省大量的发电设备折旧成本。即便氢气的燃料价格较天然气要高，但发电成本仍然与天然气差不多。如果加上二氧化碳排放交易价格，可能还会低于天然气发电。因此，预计从 2030 年前后开始，氢燃料电池发电或热电联供就会逐渐投入应用，并随着对年发电小时数少的补偿发电系统功率需求的增大而扩大应用。

在碳中和时代，中国的全社会用电量大概率会超过 20 万亿千瓦时。如果有 3% 的用电量即 6000 亿千瓦时的电力需要使用氢能发电，则就需要约 2500 万吨氢。

四、冶金，2030 年前后开始

现在使用气体炼铁的直接还原铁方法已经在应用，但大部分使用的是天然气和一氧化碳，只有少量使用氢气。在德国，已经在高炉炼铁中示范使用氢气替代焦炭作为还原剂。预计在 2030 年前后，氢气替代焦炭的技术应用将实现显著发展。2021 年，中国生产了约 4.6 亿吨焦炭，主要作为炼铁的还原剂，用于以铁矿石为原料炼铁的还原剂和热能。焦炭的热值为约 8500 千瓦时/吨。冶炼 1 吨生铁平均需要 0.45 吨焦炭，热值为约 3800 千瓦时。未来这些焦炭将逐渐被氢气取代。冶炼 1 吨生铁需要约 60 千克氢气，其确切的值取决于是否还要用氢提供热能。按中国每年长流程（从铁矿石至钢制品）炼钢需要的生铁为 8 亿吨计算，氢气仅作为还原剂，就需要约 5000 万吨。

现在的焦炭价格为 2000 多元/吨，每炼 1 吨生铁，需要大约 0.5 吨焦炭。因此当氢气的价格达到 20 元/千克左右时，绿氢炼铁替代焦炭炼铁在经济上才是可行的。而绿氢的成本要达到这个水平，还有较长的一段路要走。因此估计到 2030 年，在中国绿氢炼铁的应用才会爆发。但是，如果对焦炭炼铁征收碳排放费，则焦炭炼铁的成本就会提高，使用绿氢的时间会有所提前。不过使用工业副产氢炼铁，则现在从经济的角度已是可行的了。

综上所述，发展基于二氧化碳零排放的氢经济，不仅为中国在交通运输、发电和热电联供、冶金与化工等领域承担二氧化碳减排的任务，而且可对中国的能源供应安全和大气污染治理做出贡献。

氢的应用经济性在很大程度上也受到二氧化碳排放权交易价格的影响。如果二氧化碳排放权的交易价格高，化石能源的使用成本就会增高，绿氢的经济性就会提高，氢在各个领域内的应用爆发时间就会提前。

现有的氢经济（主要是石油化工和煤化工）还会在相当长的时间内使用灰氢，因为灰氢比绿氢便宜得多。近期还不会大规模用绿氢替代灰氢。当灰氢的成本加上二氧化碳排放成本高于绿氢成本时，才会用绿氢替代灰氢。

中国的天然气资源短缺，因此未来以绿氢为主，蓝氢不会成为主流。

第三节　氢的运输、存储和变换
——氢的物流

在碳中和时代，制氢成本低的地点和用氢的地点可能有一定的距离甚至是较远的距离。中国现在和未来制氢的一次能源——煤炭资源、石油资源、天然气资源、风力和太阳能资源都主要集中在西部。而中国氢的应用主要集中在中东部，需要进行几百公里至上千公里的大规模运输。因此，氢及其衍生物的运输就成为中国氢产业链的重要环节。

用西部地区丰富的可再生能源资源制得的氢大规模地提供给中东部地区使用，有两种输送模式：一是将西部地区的可再生能源生产的电力用特高压输电线路输送到中东部地区，在中东部地区电解水制氢；二是在西部地区用可再生能源生产的电力电解水制氢，而后用大口径输氢管道把氢气输送到用氢量大的中东部地区。

为了降低制氢的成本，电解水制氢一般使用过剩的风光电。而一条输电线路需要平稳输送，才能输送较多的电力。如果输电线路输送过剩的风光电，则过剩风光电的出现小时数较短，只有 2000 小时左右。这部分电力的输电线路的利用率就会大大降低，电力输送的成本就会大大提高，每千瓦时的电力通过 2000 公里的特高压线路从西部地区输送到中东部地区，输送成本就会达到约 0.20 元/千瓦时左右。按 50 千瓦时电量电解水制 1 千克的氢气计算，用于制氢的过剩风光电量的输电成本就会达到 10.00 元/千克左右。

由于可以通过大型储氢库调节制氢量的波动，输氢管道的输送量可以接近满负荷输氢。因此，输氢管道的输氢成本不受风光电出力波动的影响。如前文所述，通过 1000 公里管道运输氢气的平均价格为 0.11~0.21 欧元/千克，合通过 2000 公里的管道运输氢气的成本为 1~2 元/千克氢气（欧元：人民币的汇率按 7.5∶1 计），输氢的同等能源输送成本只有输电的约 1/5。

从两种模式的投资分析也可以得出相似的结果。制 500 亿立方米的氢，需要约 2500 亿立方米的电力，如果输电线路的利用率只有 30%，则就需要建设输送能力 9500 万千瓦的输电线路，这需要 2000 亿~3000 亿元的投资。而年输氢 500 亿立方米左右的一条 2000 公里的大型输氢管道的投资不过数百亿元。

因此，在西部地区用过剩风光发电量电解水制氢而后输送到中东部，比起将西部地区的可再生能源电力输送到中东部地区制氢，能源的输送成本要低得多。

中国现在有大量的天然气输送管道，到碳中和时代，天然气的输送量会大大降低。因此，可将天然气输送管道改造为氢气输送管道。根据德国的经验，将天然气输送管道改造为氢气输送管道的投资，只有新建氢气输送管道投资的 20% 左右。

如前文所述，在 7500 公里范围内，管道输氢是大规模氢气输送成本最低的运输模式。

未来制氢主要是在可再生能源丰富的春夏秋季，在冬季可再生能源发电出力少，制氢量少，而采暖对能源的需求大，因此需要用大量的氢供补偿发电或热电联供使用。因此，就需要进行季节性的大规模氢存储，在春夏秋季大量制氢存储供冬季使用。使用采空的盐穴和枯竭油气田储存氢气的成本较低，未来将成为主要的大规模储氢模式。现在天然气就是用这种方式进行大规模存储的。

液氢的温度低、体积能量密度低、泄漏快，制液氢的能耗也比较高，因此使用液氢运输的成本大大高于管道输氢。长时间存储液氢的成本也较高，不适合用于季节性的大规模氢存储。液氢适合于长途海运氢。

氨、甲醇及其它碳氢化合物，适合管道运输和罐车运输，也适合长距离海运。所以欧洲和日本等国准备未来在可再生能源资源丰富、用可再生能源制氢成本低的国家制绿氢，用绿氢合成氨、甲醇或其它碳氢化合物，通过海运大量进口。中国未来可以在西部地区大量用可再生能源电力合成氨（甚至进一步合成为尿素）和甲醇等，而后用车辆或管道运输到中东部地区使用。这种运输模式的成本较低，成本远低于将过剩风光电输送到中东部地区再生产。且其与用管道输氢到中东部地区再合成的综合成本相差不大。考虑到每年有数千万吨氢用于此，这种氢的间接运输是一种重要的氢运输模式。在不能使用化石能源而需要使用绿氢生产氨和甲醇及其它碳氢化合物的碳中和时代，这种氢衍生物的运输模式会得到大发展。

　　液态有机氢载体的可燃性与柴油相近，毒性低，安全性好，体积能量密度高。在没有氢气管道的地方，用罐车运输液态有机氢载体，适合长距离少量氢的运输，成本低于氢气罐车或液氢罐车输氢。液态有机氢载体充氢过程是放热反应，卸氢过程是吸热反应。如果在充氢过程中产生的余热可利用，卸氢过程中有廉价的热能可用，则液态有机氢载体的物流成本可进一步降低。在一些不适合使用压缩氢气或液态氢或物流成本过高的用氢场合，可以使用液态有机氢载体。目前，可直接使用液态有机氢载体的燃料电池已成功研发，但其功率尚处于较低水平，且成本较高。如果这种燃料电池的成本下降到可以大规模应用，则燃料电池就可直接使用液态有机氢载体作为燃料，不用将氢气从液态有机氢载体中卸载出来再供燃料电池使用。在这种情况下，使用液态有机氢载体的输氢需求量就会大增，这时就需要考虑是否建设液态有机氢载体输送管道。

第四节 氢经济发展对中国经济的影响

　　未来氢将主要用以风力和太阳能为主的可再生能源所发的电力制取，少量用生物质制取，统称为绿氢。2060 年左右，根据交通运输、冶金、化工和发电的远期需求，预计中国每年需要超过 1 亿吨的绿氢，需要耗费 5 万亿千瓦时以上的电量。按电价为 0.10 元/千瓦时计，用电耗费就超过 5000 亿元。2023 年中国的全社会用电量仅为 92241 亿千瓦时。估计到 2060 年，中国的发电量会达到 25 万亿千瓦时左右，制氢用电量会占总发电量的 20% 左右。中国的风光发电资源非常丰富，风光发电的平均成本已经低于燃煤发电上网电价，现在缺的仅仅是消纳和补偿风光发电波动的能力。而制氢可以使用大量的过剩风光电，因此能够成为消纳过剩风光电的主力，会有力地支撑风光电资源的开发。同时也因为使用特别廉价的过剩风光电，因而降低了制氢的能源成本。未来中国每年 25 万亿千瓦时的发电量，几乎全部使用可再生能源生产，需要投资数十万亿元建设 100 多亿千瓦的风光发电场。制氢消纳过剩风光电，氢能发电补偿风光发电的短缺，就成为风光发电调节的主力之一。电解水制氢的能力将会达到数十亿千瓦，总投资会达到数万亿元。

　　中国现在使用的石油 70% 左右依赖进口，是中国能源供应安全体系中最薄弱的环节。2022 年中国进口石油达到 5.6 亿吨，花费外汇超过 3000 亿美元，是中国进口额最大的商品之一。中国的原油主要用于生产燃油——柴油、汽油和煤油，其中柴油的产量最大，每年超过 2 亿吨。而一半左右的柴油被燃油重卡消耗。如果用氢燃料电池重卡替代大部分燃油重卡，就会大幅减少石油进口，大大增强中国的能源供应安全，并且每年节省用于采购进口原油的上千亿美元外汇。这部分费用能转而购买在中国用可再生能源制取的绿氢。用氢能汽车使用氢能替代柴油汽车每年超过 1 亿吨柴油的使用，每年的用氢量会达到 2000 万吨左右。每年可减排二氧化碳 2 亿多吨。

为制造氢能汽车，中国的汽车工业需要进行重卡的转产改造，这主要是氢燃料电池和动力包的生产能力建设，整个产业链需要上万亿元的投资。而燃料电池和动力包的成本下降后，氢能汽车还会大量进入到小汽车领域，则整个小汽车的产业链需要的改造投资可能达到上万亿元，甚至几万亿元。同时还需要投资建设大量的加氢站，这又需要几千亿元的投资。现在中国每年生产 4 亿多吨焦炭，主要用作冶炼生铁和其它金属的还原剂和热源。未来绝大部分焦炭将会被 5000 万吨左右的氢替代，少部分用可再生能源生产的电力替代。因此，每年可减排二氧化碳超过 10 亿吨。在冶金行业用氢气替代焦炭，需要投资数千亿元改造现有的炼铁工艺。

中国每年化工用煤（不含炼焦和半焦）超过 3 亿吨。原油生产燃油的产率只有 60% 左右，有 2 亿多吨的剩余部分，主要用于生产化工产品。这些化工产品的产量还在不断增加。生产化工产品的原油和煤炭中的碳元素少部分固化在化工产品中，但大部分在生产过程中以二氧化碳的形式排放。未来用可再生能源电力制取的绿氢将会与煤炭和原油协同生产化工产品，甚至用生产过程中产生的二氧化碳与绿氢结合生产化工产品，不再排放二氧化碳。这样，用现在相同的煤炭和原油，加上绿氢，就能生产更大产量的化工产品，将煤炭和原油中所含的碳固化在化工产品中。煤化工和石油化工领域每年的二氧化碳排放达数亿吨。在煤化工和石油化工领域使用绿氢，替代碳元素制氢，或用氢与化学工艺过程中排放的二氧化碳协同制备化学产品，每年的用氢量会达到数千万吨，每年减排二氧化碳数亿吨。煤炭、原油与绿氢协同制化工产品，需要对现在的化学生产工艺进行改造，这也需要上万亿元的投资。化工产品实现零碳生产后，会扫除发达国家碳边境税的障碍，刺激中国的零碳化工产品出口量大增。

如前所述，由于氢气的体积密度很低，因此氢的物流成本在氢产业链中所占的比例很高。未来以氢气管道为主的氢气运输，氢及其衍生物之间的转换，氢气或氢气衍生物的存储等，都需要大量的投资。其中，氢气的长距离管道运输量会达到每年 1 万亿立方米左右，远远超过现在每年 1000 多亿立方米天然气的长距离管道运输量。氢物流领域的投资会达到上万亿元。

综上所述，从现在起，到 2060 年，在氢领域的直接投资大概率会超过 10 万亿元。这将对国民经济的发展起到积极的拉动作用。

参 考 文 献

［1］ C. Book. Hydrogen CAS＃：1333－74－0 ［Online］. Available：https：//www. chemicalbook. com/ProductChemicalPropertiesCB7686195＿ EN. htm.

［2］ 国家发展改革委、国家能源局，"氢能产业发展中长期规划（2021-2035 年）"，2022.

［3］ 毛宗强、毛志明、余皓等，"氢能利用关键技术系列——制氢工艺与技术"，化学工业出版社，2018.

［4］ 中华人民共和国国家质量监督检验检疫总局、中国国家标准化管理委员会，"氢气、氢能与氢能系统术语"，Vol. GB/T 24499-2009，ed，2010.

［5］ 邹才能、李建明、张茜、金旭、熊波、余晖迪等，"氢能工业现状、技术进展、挑战及前景"，天然气工业，Vol. 42，pp. 1-20，2022.

［6］ 张茜、苗盛、陶光远，"氢气制取的欧洲经验，" 能源，pp. 22-25，2022.

［7］ G. Collodi, G. Azzaro, N. Ferrari and S. Santos, "Techno-economic Evaluation of Deploying CCS in SMR Based Merchant H_2 Production with NG as Feedstock and Fuel", *Energy Procedia*, Vol. 114, pp. 2690-2712, 2017/07/01.

［8］ G. C. Institute, "Global Status of CCS Report", 2020.

［9］ N. Sánchez – Bastardo, R. Schlögl and H. Ruland, "Methane Pyrolysis for CO_2–Free H_2 Production: A Green Process to Overcome Renewable Energies Unsteadiness", *Chemie Ingenieur Technik*, Vol. 92, pp. 1596−1609, 2020.

［10］ S. Schneider, S. Bajohr, F. Graf and T. Kolb, "Verfahrensübersicht zur Erzeugung von Wasserstoff durch Erdgas–Pyrolyse", *Chemie Ingenieur Technik*, Vol. 92, pp. 1023−1032, 2020.

［11］ I. Vincent and D. Bessarabov, "Low Cost Hydrogen Production by Anion Exchange Membrane Electrolysis: A Review", *Renewable and Sustainable Energy Reviews*, Vol. 81, pp. 1690 − 1704, 2018/01/01/ 2018.

［12］ IEA, "The Future of Hydorgen", 2019b.

［13］ M. David, C. Ocampo−Martínez and R. Sánchez−Peña, "Advances in Alkaline Water Electrolyzers: A Review", *Journal of Energy Storage*, Vol. 23, pp. 392−403, 2019/06/01/ 2019.

［14］ P. Millet and S. A. Grigoriev, "Chapter 2–Water Electrolysis Technologies", 2013.

［15］ M. A. Laguna−Bercero, "Recent Advances in High Temperature Electrolysis Using Solid Oxide Fuel Cells: A Review", *Journal of Power Sources*, Vol. 203, pp. 4−16, 2012/04/01.

［16］ 张茜、苗盛、陶光远, "欧洲面向未来的氢能示范项目及借鉴", 能源, pp. 52−56, 2022.

［17］ Z. Luo, Y. Hu, H. Xu, D. Gao and W. Li, "Cost−Economic Analysis of Hydrogen for China's Fuel Cell Transportation Field", *Energies*, Vol. 13, p. 6522, 2020.

［18］ O. Machhammer, A. Bode and W. Hormuth, "Öko-nomisch/ökologische Betrachtung zur Herstellung von Wasserstoff in Großanlagen", *Chemie Ingenieur Technik*, Vol. 87, pp. 409 – 418, 2015.

［19］ IRENA, "Green Hydrogen Cost Reduction: Scaling up Electrolysers to Meet the 1.5 Climate Goal", 2020.

［20］ G. Myhre, D. T. Shindell and J. Pongratz, "Anthropogenic and Natural Radiative Forcing", 2014.

［21］ P. Burmistrz, T. Chmielniak, L. Czepirski and M. Gazda – Grzywacz, "Carbon Footprint of the Hydrogen Production Process Utilizing Subbituminous Coal and Lignite Gasification", *Journal of Cleaner Production*, Vol. 139, pp. 858 – 865, 2016/ 12/15/ 2016.

［22］ S. Timmerberg, M. Kaltschmitt and M. Finkbeiner, "Hydrogen and Hydrogen–derived Fuels Through Methane Decomposition of Natural Gas–GHG Emissions and Costs", 2020.

［23］ IEA, "Renewable Energy for Industry", 2017.

［24］ 张茜、苗盛、陶光远, "氢能的应用领域与成长空间", 能源, pp. 64–67, 2022.

［25］ 苗盛、张茜、陶光远, "氢能运输：不同形态的优劣势对比", 能源, pp. 66–70, 2022.

［26］ Zhang, Xi, Zhang, Chenjun, Li, Yiheng, Zhang, Lin, Yu, Huidi, Zhang, Lanqiong, Liu, Xiaodan, Miao, Sheng, Wang, Xiaoqi, Wang, Shanyu, and Xu Jin. "Technology of Using Existing Natural Gas Pipelines for Long Distance Hydrogen Storage and Transportation". Paper presented at the APOGCE 2024, Perth, Australia, October 2024. doi: https://doi.org/10.2118/221180–MS.

［27］ Creos, DESFA, Elering, Enagás, Energinet, Eustream,

et al. , "Extending the European Hydrogen Backbone: A European hydrogen Infrastructure covering 21 Countries", 2021.

[28] Zhang, Xi, Li, Yiheng, Zhang, Chenjun, Zhang, Lin, Yu, Huidi, Zhang, Lanqiong, Liu, Xiaodan, Miao, Sheng, Wang, Xiaoqi, Wang, Shanyu, and Xu Jin. "Analysis of Technologies and Methods of Hydrogen Storage in Liquid Organic Hydrogen Carriers". Paper presented at the APOGCE 2024, Perth, Australia, October 2024. doi: https://doi.org/10.2118/221152-MS.

[29] S. Germany. (2022, 02.05). *Schaeffler Makes Using Hydrogen Easier, Safer, and More Cost - effective Through LOHC Technology.* Available: https://www.schaeffler.de/en/news_media/press_releases/press_releases_detail.jsp? id=87766720.

[30] T. Luschtinetz, A. Sklarow and J. Gulden, "Degradation Effects on PEM Fuel Cells Supplied with Hydrogen from a LOHC System", *Applied Mechanics and Materials*, Vol. 839, pp. 165-169, 2016.

[31] G. Sievi, D. Geburtig, T. Skeledzic, A. Bösmann, P. Preuster, O. Brummel, et al. , "Towards an Efficient Liquid Organic Hydrogen Carrier Fuel Cell Concept", *Energy & Environmental Science*, Vol. 12, pp. 2305-2314, 2019.

[32] S. Lee, G. Han, T. Kim, Y. - S. Yoo, S. - Y. Jeon and J. Bae, "Connected Evaluation of Polymer Electrolyte Membrane Fuel Cell with Dehydrogenation Reactor of Liquid Organic Hydrogen Carrier", *International Journal of Hydrogen Energy*, Vol. 45, pp. 13398-13405, 2020/05/05.

[33] H. Li, X. Zhang, C. Zhang, Z. Ding and X. Jin, "Application and Analysis of Liquid Organic Hydrogen Carrier (LO-

HC ） Technology in Practical Projects ", *Energies* , Vol. 17, p. 1940 , 2024.

［34］ E. Commission , " A Hydrogen Strategy for a Climate－neutral Europe", 2020.

［35］ F. Institute , " A Hydrogen Roadmap for Germany ", 2019.

［36］李浩东，"日本"氢能社会"建设经验及对我国的启示"，日本研究，pp. 33－42，2021.

［37］魏蔚、陈文晖，"日本的氢能发展战略及启示"，全球化，pp. 60－71+135，2020.

［38］界面新闻.（2022，12.08），"日媒：日澳间专用船运输液态氢试验取得成功，力争 2030 年前后投入商用"，Available：https：//baijiahao. baidu. com/s? id = 17296927352 72043597&wfr = spider&for = pc.

［39］高慧、杨艳、刘雨虹、刘嘉、刘月洋、吴谋远，"世界能源转型趋势与主要国家转型实践"，石油科技论坛，Vol. 39，pp. 75－87，2020.

［40］苏树辉、毛宗强、袁国林，"国际氢能产业发展报告"，世界知识出版社，2017.

［41］符冠云、熊华文，"日本、德国、美国氢能发展模式及其启示"，宏观经济管理，pp. 84－90，2020.

［42］ U. S. D. o. Energy， " DOE National Clean Hydrogen Strategy and Roadmap Draft", 2022.

［43］国际氢能.（2022，12.11），"国际可再生能源署发布《七国集团（G7）加速氢能部署行动建议》"，Available：https：//mp. weixin. qq. com/s/8HL9uZKuOtjehkh3ukjhxw.

［44］全球技术地图.（2022，12.11），"主要国家氢能

发展现状", Available：https：//baijiahao. baidu. com/s？id＝1747134688376817262&wfr＝spider&for＝pc.

［45］陶光远.（2015），"光伏发电补贴将成中国不可承受之重"，Available：https：//opinion. caixin. com/2015－08－10/100838002. html.

［46］搜狐新闻.（2023，10.27），"燃料电池系统成本2030年可降低80%，能与内燃机展开竞争"，Available：https：//www. sohu. com/a/721708175_121092262.

附录一 英文缩略语

AEL　　　Alkaline Electrolysis 碱性电解

AEM　　　Anion Exchange Membrane 阴离子交换膜

ATR　　　Auto-Thermal Reforming 自动热重整

BEV　　　Battery Electric Vehicle 电池电动车

BF-BOF　Blast Furnace-Basic Oxygen Furnace 高炉—碱性氧气炉

BTX　　　Benzene, Toluene and Xylene 苯、甲苯和二甲苯

CAPEX　Capital Expenditures 资本支出

CHP　　　Combined Heat and Power 热电联产

CCS　　　Carbon Capture and Storage 碳捕集与封存

CCUS　　Carbon Capture, Utilization and Storage
碳捕集、利用与封存

DAC　　　Direct Air Capture 直接空中捕获

DBT　　　Dibenzyltoluene 二苄基甲苯

DRI　　　Direct Reduced Iron 直接还原铁

EAF　　　Electric Arc Furnace 电弧炉

FCEV　　Fuel Cell Electric Vehicle 燃料电池电动汽车

GHG　　　Greenhouse Gas 温室气体

GWP　　　Global Warming Potential 全球变暖潜力

HT　　　　High Temperature 高温

ICE   Internal Combustion Engine 内燃机

LCOP   Levelised Cost of Production 均衡的生产成本

LHV   Lower Heating Value 较低的热值

LOHC   Liquid Organic Hydrogen Carrier 液态有机氢载体

LPG   Liquefied Petroleum Gas 液化石油气

MCH   Methylcyclohexane 甲基环己烷

MTO   Methanol-to-Olefins 甲醇制烯烃

OPEX   Operational Expenditures 运营支出

PEM   Proton Exchange Membrane 质子交换膜

PSA   Pressure Swing Adsorption 变压吸附

SMR   Steam Methane Reforming 蒸汽甲烷重整

SOEC   Solid Oxide Electrolysis Cell 固体氧化物电解槽

TRL   Technology Readiness Level 技术就绪指数

附录二　德国的《国家氢战略》（2023 年修订版）

（**National Wasser Stoffstrategie，NWS 2023**）

德国联邦经济和气候保护部，2023 年 7 月

一、引言

1. 背景介绍

2020 年 6 月，德国政府以《国家氢战略》（*Nationale Was-serstoff Strategie*，NWS）的形式发布了首个氢政策目标战略。国家氢战略为未来氢及其衍生物的生产、运输和使用制定了一个连贯的框架，包括相应的研究、创新和投资。《国家氢战略》中描述的第一阶段，即市场启动阶段，已通过计划措施成功实施。国家氢委员会以顾问身份支持联邦政府的工作。在现状报告（2021 年 9 月）和进度报告（2022 年 5 月）（https：//www. nationale-wasserstoffstrategie. de）中，联邦政府详细介绍了迄今为止所取得的成就。

2020 年的《国家氢战略》基本仍在实施。联邦政府在《国家氢战略》中承诺三年后对其进行评估和进一步发展。此

外，2021 年 12 月 10 日的（三党）联合政府协议规定对国家氢战略进行雄心勃勃的更新，鉴于能源市场的框架条件发生了根本性变化，更新变得更加重要。

俄乌冲突及其对全球能源市场的影响清晰地表明了德国能源供应安全过度依赖从个别国家进口能源的问题。在此背景下，《国家氢战略 2020》（NWS 2020）的目标，即通过在欧洲内部有竞争力地生产氢来实现高水平的供应安全，以及实现国际进口的多样化和安全，不仅出于气候保护的原因，而且在安全政策方面也越来越重要。因此，更新《国家氢战略》以及在此基础上计划的氢及其衍生物进口战略，与国家安全战略、未来研究和创新战略以及气候外交政策战略的实施相结合，是德国安全和未来生存能力的重要基石。

更新《国家氢战略》还发出了一个重要的工业政策信号：它将加强德国作为工业和商业中心的地位，并将为可持续就业岗位奠定基础。除了到 2030 年将全国电解水制氢能力翻一番，从 5GW 扩大到至少 10GW 的目标外，联合政府协议还规定将加快基础设施建设，到 2030 年德国将成为氢技术的主要市场。

为了实现雄心勃勃的法定气候目标，必须大幅提高能源效率，并大力加速推广可再生能源。所有部门都必须为此做出巨大贡献。与使用氢相比，直接使用电能（如电动汽车、热泵）的转换损耗较低，如果从整个系统效率和供应安全以及经济和环境角度来看，直接使用电能是最经济的选择，那么就应该尽可能直接使用电能。在转型过程中，部门耦合将越来越重要，这将使可再生能源电力越来越多地用于建筑、交通和工业领域。绿色氢气及其衍生物将在存储和运输可再生能源方面发挥重要作用。《国家氢战略》的这一更新表明，如何通过具体和细化的措施进一步提升氢市场，从而为德国到 2045 年实现气候中性经济转型做出贡献。

2.《国家氢战略》的更新和 2030 年目标

氢和氢衍生物的使用将在去碳化过程中发挥重要作用，特别是在 2030 年之前能源行业、交通行业和工业领域即将发生的变革中。鉴于投资周期通常较长，因此必须从现在起的本立法期内给投资决策确定方向。

更新《国家氢战略》的目的是为民营投资制定可靠的指导方针，以促进氢、氢衍生物和氢应用技术的可持续发展，特别是经济、生态和社会生产、运输和利用。与德国整体能源系统的必要整合必须符合国际人权、劳工和环境标准［如经济合作与发展组织（OECD）的《跨国企业准则》《联合国企业与人权指导原则》］，并满足企业责任调查的标准。

在联合国 2030 年可持续发展议程的总体背景下，《国家氢战略》还应促进并准时实现第 7 项目标"确保人人享有负担得起的、可靠的、可持续的现代能源"，和第 13 项目标"采取紧急行动应对气候变化及其影响"。划分为 2023 年的短期措施、2024/2025 年的中期措施以及某些情况下直至 2030 年的长期措施，《国家氢战略》的更新版确定了工作计划，以成功实施《国家氢战略》2030 年目标愿景：

（1）加速发展氢市场：氢、氢衍生物和氢应用技术的市场增长速度将显著加快，整个产业链的宏大目标也将大幅提高。

（2）确保氢及氢衍生物的充足供应：2030 年国内电解水制氢能力的目标从 5GW 提高到至少 10GW。其余需求将通过进口来满足。将制定单独的进口战略。

（3）发展高效的氢基础设施：到 2027/2028 年，通过欧盟共同利益重要项目（IPCEI）的资助，将在德国建立一个氢气管道网络，包括超过 1800 公里的改建和新建氢气管道；整个欧洲将增加约 4500 公里（欧洲氢气骨干网）。到 2030 年，所有主要的生产、进口和存储中心都将通过扩建与相关用户连接起来。

（4）在各行业使用氢：到 2030 年，氢及氢衍生物将主要用于工业应用、重型商用车辆，并越来越多地用于航空和航运。在电力行业，氢有助于保障能源供应；通过可转换为使用气候中性和气体的燃气发电厂（H_2-ready），以及通过为系统提供服务的电解槽，特别是作为可变和系统服务稳定器或灵活负载。在集中和分布式供热中使用氢气的框架条件目前正在全球环境治理、供热规划和欧洲天然气市场一揽子计划中得到进一步发展。

（5）到 2030 年，德国将成为氢技术的主要提供者：德国供应商正在扩大其技术领先地位，并提供从生产（如电解槽）到各种应用（如燃料电池技术）的整个氢科技产业链。

（6）创造适当的框架条件：在国家层面、欧洲层面以及（如果可能的话）国际层面创造连贯的法律前提，支持市场加速发展。这尤其包括高效的规划和审批程序、统一的标准和认证体系、齐全的设备和协调的各级行政管理。

为确保实现这些目标，未来几年将继续发展《国家氢战略》，并在必要时对其进行调整，以适应当前的要求。

德国政府已做出法律承诺，到 2045 年实现气候中性，并在此之前走出一条雄心勃勃的减排之路。安全、可持续和气候中性的氢供应对于实现这一目标至关重要，德国政府将为此创造适当的框架条件。联邦政府的目标是为德国长期可靠地供应绿色、可持续的氢。对于氢生产的直接财政支持仅限于绿色氢的生产。为了确保氢市场的快速发展和提升，满足预期需求，特别是在转化阶段，从而实现氢的技术转换，至少在有足够的绿色氢之前，我们还将使用其他颜色的氢，特别是利用垃圾或天然气并结合碳捕获与存储技术的低碳氢。我们还希望在应用方面有限度地推广使用绿色氢，并在必要时在市场提升阶段推广使用低碳蓝色（结合碳捕获与存储使用天然气生产氢气）、绿松石色（甲烷热解制氢）和橙色氢（利用垃圾和废料制氢），同时考虑雄心勃勃的温室气体限制，包括上游产业链的排放，保持气候中性和的法律目标。

二、行动领域、目标和措施

在《国家氢战略》实施的第二阶段，联邦政府特别关注四个主要议题。为此，下文明确了必要的行动领域和 2030 年的相关目标，并辅以相关措施。许多基本措施已在编写本更新报告的同时开始实施，或计划在 2023 年短期内实施。德国政府已经为氢事业发展提供了大量资金，并将在未来继续提供。但是，这里提到的所有措施都受资金限制，因此只有在适用的预算和财务规划框架内，在预算或特别基金的相应部分能够得到资助或再融资的情况下才能实施。

德国国家氢战略时期的划分：

短期：2023～2025 年；

中期：2025～2026 年；

长期：2026～2030 年。

1. 确保提供充足的氢

2030 年目标情景：有足够的氢和氢衍生物可以经济地满足各个应用领域的需求，并建立相应的产业链。氢及其衍生物的部分需求将由德国利用·可再生能源的系统生产来满足。为此，到 2030 年，德国国内电解水制氢目标将翻一番，从 5GW

增至至少 10GW。此外,很大一部分需求将通过从其它欧盟成员国和国际伙伴国家进口来满足。船舶进口主要涉及氢衍生物,通过管道可以运输进口氢气。进口的基础是"氢进口战略"［见 1. b）］。在从发展合作伙伴国进口的情况下,德国将确保与当地社会生态、社会和经济转型、能源转型以及可持续发展目标（SDGs）产生最大的协同效应。

在对《国家氢战略》进行更新时,假定 2030 年的氢的总需求为 95～130TWh。这包括对氢衍生物（如氨、甲醇或合成燃料）的预测需求,并且与各种能源方案预测一致,即 2030 年德国新出现的氢需求量为 40～75TWh,2030 年后将急剧增加。此外,德国现有的氢气需求量约为 55TWh,目前由灰氢满足。到 2030 年,后者的需求量可能会因生产变化或转型而减少。根据价格和市场的发展情况,氢和氢衍生物的总体需求在 2030 年之前可能会继续大幅增长,并加速市场升级。德国政府将持续监控需求的发展,并在必要时提前采取定制措施加以解决。

a）在德国扩大氢和氢衍生物的生产。

德国政府特别重视在工业规模上扩大国内电解水制氢的能力:我们将把 2030 年生产绿氢的电解水制氢目标翻一番,从 5GW 提高到至少 10GW。

强大和可持续的德国国内绿氢生产能力可确保以较短的运输路线满足需求,并为涵盖产业链所有阶段的德国国内市场运作奠定基础。这还包括生产高效电解槽等。

德国国内绿氢生产的支柱是扩大可再生能源发电,我们希望大规模推进可再生能源发电。为此,《可再生能源法》（EEG）（自颁布以来最全面的修正案）以及《海上风能法》和其他法律的广泛修正案已于 2022 年在紧急能源措施"复活节计划"中通过。特别是在规划和审批程序方面，有必要采取进一步措施，以减少不必要的官僚主义，德国政府将继续坚持不懈地解决这些问题。

扩大绿氢生产将为德国长期高效的电力系统和燃气系统奠定基础。与此同时，必须确保在德国制氢时不会排放额外的温室气体，也不会对环境造成负面影响和额外的瓶颈。这意味着在 2030 年之前建设的大部分电解槽的位置和运营模式都必须服务于系统。考虑到迄今为止制定的联盟法律的原则和要求，并与各部委协调，目前正在对系统实用性的要求进行更详细的定义，其中考虑制氢的经济效益和为客户提供充足供应的问题。通过将电解水制氢与电力系统以及氢的运输和存储基础设施（"系统服务电解"）巧妙地结合起来，我们为能源转型提供了一个重要的灵活选择，并限制了扩大电网的必要性。可再生能源发电与用电之间的适当时间相关性以及靠近发电厂的电解水制氢场所将确保可再生能源的有效整合，并为电力系统提供支持。分布式氢生产和存储也将不再困难。对长期的系统研究表明，德国北部的系统服务地点靠近海岸，系统服务的运行要求主要在剩余负荷较低的情况下和在满负荷时间适中的情况下灵活使用电解水制氢。不过，也有例外，尤其是在尚未建立较大氢气网络的早期阶段，例如，工业和交通领域的初期示范和试点项目。关于对环境的影响，同样重要的是评估并尽量减小对水平衡和水生生态的影响，并避免与其它用水竞争。

《国家氢战略》的更新为制定适当的手段组合创造了条件，通过这些工具组合，可以实现到 2030 年国内电解水制氢能力至少达到 10GW 以生产绿色氢的新目标，同时确保具有竞争力的价格。

除研究和创新外，综合的措施中还包括直接推广陆地电解槽以及与海上风能相结合的电解槽。另外，欧洲监管框架和需求方措施的实施激励了对制氢的投资，并在不大幅降低现有标准的情况下消除了规划和审批电解槽的障碍。此外，德国政府还支持城市一级的分布式制氢，以确保氢能够尽快、广泛地供应。

短期措施（2023 年）

作为《欧洲共同利益重要项目》（IPCEI）中氢计划的一部分，首批氢项目的资金预算已在 2023 年预算中增加，主要是为了避免因价格大幅上涨而危及项目的进行，2023 年将根据国家援助法批准对总装机容量约为 2.5GW 的电解水制氢项目发布资助决定。

根据《海上风能法》第 96 条第 9 款颁布的法令，2023 年到 2028 年，每年将有 500MW 的电解水制氢装机容量进行招标，用于生产绿氢。

德国将进一步在全国范围内实施欧盟可再生能源指令修订版（RED Ⅱ），这将鼓励投资至少 2GW 的电解槽，用于交通领域（特别是在炼油厂用绿氢替代灰氢，直接用于各种燃料电池汽车，以及使用电力制取的燃料）。

作为国家氢和燃料电池创新计划（NIP）的一部分，电解水制氢能力为 60MW 的用于供应加氢站的分布式计划获得批准。2023 年，在额外的资金需求中，计划再增加约 40MW 的产能，这将在中期内提供 0.1GW 的电解水制氢能力。作为德国联邦数字和交通部可再生燃料总体概念的一部分，2023 年以后将继续投资用于交通的家用制氢电解槽。

中期措施（2024/2025 年）

根据在已实施的资助计划中取得的经验，对资助计划进行修订，以便在 2020 年代后半期为扩大德国国内绿氢的生产制定一项相互联系更加紧密、尽可能不官僚化的资助战略。

进一步发展国家电解水制氢倡议（H2Giga），以实现电解槽技术的批量生产和新概念的研究项目，从而使创新赛道充满新思维，另外，使各种概念，如提高电解槽效率以高效制氢的概念，进入市场。

b）氢和氢衍生物的进口。

由于氢的国内生产潜力有限，从长远来看，大部分需求将不得不通过进口氢及其衍生物来满足。德国政府根据对当前情况的评估估计，2030年95～130TWh的预测需求量中，50%～70%（45～90TWh）将通过从国外进口（以氢和氢衍生物的形式）来满足。在2030年之后的几年，氢需求的进口比例将继续上升。此外，由国内供应来满足需求在经济上既不可行，也不利于与能源转型相关的整体转型进程。因此，除了关注氢的国内生产外，《国家氢战略》还辅以氢和氢衍生物的进口战略（以下简称：进口战略），从而在外交政策、经济和发展政策方面为全球能源转型做出重要贡献。

至少在2030年之前，氢的进口，特别是氢衍生物的进口，大部分都计划采用船运方式，短期内氨的运输也是如此，以避免产生作为温室气体的一氧化二氮和作为区域空气污染物和对流层臭氧前体的氮氧化物。绿色甲烷、合成甲醇、液态有机载氢体（LOHC）和液氢的进口可在中长期发挥作用。2030年后，应扩大从欧洲及可能的邻近地区通过管道进口绿色氢气，但不应放弃通过多样化将风险降至最低的原则。

在应用方面，从煤炭和天然气等化石燃料到氢气的技术转换可以在有充足的绿色氢气之前进行。将尽可能全面避免负面锁定效应，例如，在设计优先考虑绿氢的资助计划时，通过计划于2023年实施的碳管理战略。

短期措施（2023 年）

进口战略将是核心手段：2023 年，联邦政府将发布一项进口战略（见下文），重点关注与 2030 年议程目标一致的可持续生产和运输方案，以及必要的进口基础设施，包括船舶运输和管道运输，例如从挪威进口氢气。

作为《欧洲共同利益重要项目》中氢项目的一部分，选择了许多已经在欧盟范围内为氢交换服务的项目，包括研究液态有机载氢体（LOHC）存储和运输技术的项目，这些项目旨在补充氢运输与存储的 TransHyDE 示范项目和亥姆霍兹氢能集群框架内的现有活动。有了这种氢的液态有机载体材料技术，特别是在较长的船舶运输中能够以经济和安全的方式进行，这对于从欧盟以外进口氢是必要的。此外，从欧洲邻国进口氢的进一步项目也将在短期内启动。

将对现有的进口补贴手段进行审查并进一步开发，必要时还将开发新的补贴手段：在短期和中期内，很可能需要政府支持来弥补成本差距。因此，目标是继续并进一步发展现有的资助手段〔全球氢交易平台即 H_2Global，国际氢项目资助指南、电转 X（PtX）平台和电转 X（PtX）发展基金 H_2Upp〕。将在 H_2Global 范围内发展地区合作形式。将根据需要开发新的资助手段。

国际能源署（IEA）、国际可再生能源署（IRENA）、CEM/MI、IPHE 和 G7/20 等国际论坛上的辅助活动将为市场推广提供支持。应在七国集团或二十国集团层面确定氢市场发展的良好管理标准。这些标准应包括尽量减少对环境的影响，促进当地社会生态、社会和经济转型以及能源转型的指导方针，关于对各自国家能源转型可能产生的影响的建议、劳动力市场标准、人权保护，在绿色工业化的意义上提高发展中国家和新兴国家价值创造阶段的方法或提高项目接受度的最佳实践范例。还应支持区域合作，特别是在氢及其衍生物的运输解决方案方面。此外，应加强与当前化石燃料出口国的对话，探讨全球氢市场的机遇和挑战。

中期措施（2024/2025 年）

在欧盟层面，将加强与欧盟委员会和成员国的现有合作，以充分提升欧洲在南欧、北海、波罗的海、地中海和黑海等合适地区生产氢的潜力。

欧洲在非欧洲进口方面的合作将得到加强，因为欧洲将继续依赖从非欧洲地区进口氢。为了在全球竞争中采购到所需数量的氢并降低成本，欧洲成员国将共同努力。作为一种辅助手段，正在寻求建立促进氢市场发展的欧洲工具（如欧洲氢银行、联合采购平台或碳差价合约 CCfDs）。

现有的双边氢、能源和气候伙伴关系将被用作发展跨境氢产业链和"绿色氢战略研究和创新议程"的政治框架，以促进欧洲及其他地区在这方面的研究合作；包括启动港口联盟，将进出口港口联网。

为了确保必要的进口，目标是在气候和能源伙伴关系或氢战略伙伴关系框架内进一步加强和稳定氢专题，并建立新的氢伙伴关系。应通过合理的手段（如资助手段、政治支持），利用伙伴关系来实现现有的出口潜力，特别是绿氢。还应在伙伴关系中讨论加强氢基础设施的相互投资和联合研发活动，如清洁氢伙伴关系。目的是在平等的基础上进行这些讨论，从而在不损失合作伙伴自身核心利益的情况下考虑合作伙伴的合作利益。

作为气候、能源和氢伙伴关系的一部分，支持和实施国际示范项目。其目的之一是在可再生能源潜力大、现有工业基础设施完善的国家，实现尽可能大规模和经济的绿氢生产和本地（部分）使用项目，并将产品用于发展可持续的本地经济结构，以及进出口到欧盟和德国。

世界上已有多个国家将自己定位为未来的氢（衍生物）出口国。由于许多发展中国家和新兴国家某些方面具有很高的资源潜力，尤其它们可以通过氢的生产、使用和贸易，在中长期内为本国及其伙伴国的经济多样化和去碳化做出贡献。应与经济部门合作，通过外交政策对话和相应的发展政策来支持和促进这些努力，以推动在伙伴国家募集大量民营资金，促进其进入新兴氢市场，并支持伙伴国家实现公正过渡意义上的可持续发展。作为氢、能源和气候伙伴关系的一部分，我们将继续在政治上支持这些进程。

支持建立一个具有绿氢和低碳氢统一标准的共同市场，例如，在德国担任七国集团主席期间发起的七国集团"气候俱乐部"。这可以防止市场碎片化，并为迅速扩大国际市场奠定基础。

氢进口战略

为了确保可持续的氢和氢衍生物长期进口需求，将把"氢进口战略"作为以下指导方针的一部分。联邦政府将根据此方针为从未来出口国和国内客户进口氢奠定可靠的基础。

目的是发展广泛多样的进口渠道，避免新的依赖。因此，进口战略向欧洲和国际伙伴国发出了一个信号：联邦政府希望开展全球合作，按照德国和可持续标准建立安全、可持续的供应链，并成为技术伙伴。进口战略构成了确保氢整体和长期所需数量的行动框架。它是国家氢战略的组成部分。

进口战略的重点是欧洲和非欧洲之间的合作与进口。为了实现全球氢进口，除管道进口外，还考虑了船舶运输。各种可持续运输路线都被考虑在内，包括建立绿色走廊和在船舶进口运输中越来越多地使用绿色燃料。这涉及前瞻性的规划，例如，还考虑到船舶采购的准备时间从欧洲多风和阳光充足的地区或靠近欧洲的地区通过管道进口氢具有潜在的优势——前提是有相应的、有竞争力的供应。欧洲氢能骨干网的扩展不仅将加强欧洲共同能源市场，确保欧洲高度的供应安全，还将避免对个别能源出口国的依赖。德国政府赞成在欧盟层面和双边伙伴关系框架内，共同协调欧洲氢的发展。除了在欧盟范围内建立氢气网络外，目标之一是利用整个欧洲的氢生产潜力。特别是，将促进在可再生能源潜力充足的欧盟成员国为欧洲氢市场生产绿氢。这里的重点必须是非官僚化的监管，允许灵活性，特别是在产量上升的阶段。

此外，在可能的情况下，还可以从符合最低标准并受共同或公认的氢认证体系约束的多样化出口国寻求国际进口。进口战略还应考虑 2030 年议程（SDGs）意义上的可持续性标准和当地价值创造，以及与氢和氢衍生物运输有关的问题。在发展合作伙伴国家，目标是最大限度地发挥与 2030 年议程目标的协同作用，特别是在社会生态、社会和经济转型以及可持续发展目标（SDG）第 7 项推动当地的能源转型。

全球氢交易平台 H_2Global 是首个绿氢及其衍生品的国际交易平台，于立法机构初期成立，旨在促进非欧洲绿氢的进口并支持全球市场的发展。全球氢交易平台 H_2Global 的目标首次透明地确定绿氢衍生品的交易价格和交易量。

双重拍卖机制保证了公共资金的有效使用。所有非欧洲国家的公司都可以参与投标。目前的可持续性标准将在计划实施过程中进行评估，并在必要时进行调整。此外，全球氢交易平台 H_2Global 正在开展欧洲化工作。已经与七个非欧洲国家缔结了氢伙伴关系。

除了遵守环境标准（如避免水资源短缺和污染）外，还必须使氢的供应国和生产国多样化，而不仅仅局限于目前的能源出口国。这种多样化必须考虑地缘政治的影响以及当地的土地权等问题。还应该考虑目前的化石燃料出口国对促进或参与在氢领域的全球能源转型的兴趣。

同时，应支持在新的出口伙伴努力建立氢的产业链。对于许多能源出口国来说，发展氢出口经济也为经济发展提供了机遇，并为本国工业和能源系统的去碳化提供了动力。国际氢项目的大规模扩展可大大降低目前氢的高昂价格，使氢在全球范围内比化石能源更具吸引力。对德国出口业来说国际氢市场的增长也蕴含着巨大的机遇。德国企业在氢生产、运输、利用和再转化所需的技术方面处于市场领先地位。

然而，对氢的需求不断增长绝不能让发展中国家和新兴工业化国家的当地价值创造以及气候和环境保护受到阻碍或阻止，也不能导致在生产和运输过程中人权受到侵犯。氢项目应支持而不是阻碍当地的能源转型、扩大可再生能源以改善当地的能源供应以及当地的社会生态、社会和经济转型。此外，这些项目还必须符合国际人权、劳工和环境标准以及企业尽职调查标准（如经合组织的《跨国企业准则》、联合国的《工商企业与人权指导原则》《2030 年议程》）。

2. 建设高效的氢基础设施

2030 年目标：作为欧盟 IPCEI 氢能资助计划的一部分，将在 2027/2028 年之前建设一个由德国境内超过 1800 公里的改建和新建氢气管道以及欧洲境内约 4500 公里的氢气管道组成的第一阶段的氢气管网。现有的运输基础设施将在 2032 年前扩展，以便将所有主要的生产、进口和存储中心与相关客户连接起来。

　　到 2030 年，德国氢网络将通过第一个欧洲氢气管网（欧洲氢主干网）与欧盟邻国相连。高效管道将投入使用，特别是从挪威以及其它欧洲国家进口大量氢气。为了尽早利用欧盟以外生产的氢或氢衍生物满足氢需求，到 2030 年，将在德国沿海建造足够的船舶运输进口终端。氢存储设施也将并入管网，如有必要，还将建立国家氢储备，以满足需求，以减少生产或进口短缺的影响。

　　确保为公路运输提供按需加氢的基础设施（见运输部分）。

　　该管网的组织方式尽可能不加剧地区差异。

　　除了氢的供应之外，还需前瞻性地快速发展氢终端、网络、燃料和存储基础设施，这对于市场推广也至关重要。其核心主要包括一个能够将德国未来的氢消费者与生产地和进口地连接起来的全国性氢气网络。在这方面，港口作为建立能源安全的枢纽尤为重要。在不可能采用管网供应的情况下，应考虑采用经济合理的海运、铁路和公路运输方式。德国经济支柱的德国中小企业的利益也应被考虑到，以便为面向未来的可持续生产转型创造条件。

　　为了实现氢气管网良好的成本效益和快速发展，将现有的天然气运输管道转换为氢气运输管道是合理可行的，这样可以避免对化石能源的绑定。德国能源经济法已经提供了一个初步的法律框架，为管道转换提供了各种便利。一旦欧盟立法程序完成（预计到 2023 年底），全面的欧洲监管框架（天然气和氢气市场一揽子计划）将在国家层面迅速实施。在德国不断向脱碳经济转型的背景下，天然气管道的可用性将越来越强，可以进行输送氢气的转换。同时，未来的氢气网络与现有的天然气网络在范围上并不相同。氢气枢纽可用于确保全国范围内的供应，例如，运输部门或远离大型工业中心的中小型企业。

无论如何，为了融合气候、能源和环境政策目标，电力、天然气、氢气、运输和供热网络之间密切协调的跨部门规划是必要的。在这种情况下，相关研究倡议的基础专业知识得到了利用。

为了保证氢核心管网的协调发展和系统效益及其财务可行性，必须确保适当的框架条件，以克服氢管网发展的障碍：

（1）管网的统一规划和协调。

（2）鼓励更新管道和新建的意愿（除其它外，必须解决新基础设施扩建过程中的不确定因素：时间和数量波动风险、稳定的客户、进口等）。

（3）天然气和氢气管网并行运行。

与此同时，还要引入氢气存储的理念，将现有天然气存储设施的转换和必要的氢气新存储设施的建设结合起来。在电力系统越来越倾向于使用不稳定的可再生能源的情况下，这些存储设施将实现可再生能源的临时存储，从而在与氢气运输管网连接后，实现制氢与用氢在时间上脱钩。德国拥有欧洲最大的天然气存储潜力，因此也可以在欧洲氢气管网中发挥核心作用。

不仅在国家层面，而且在欧洲层面，都需要适当和可靠的框架条件。发展欧洲氢气管网符合整个欧洲的利益，也是德国政府为实现欧盟气候保护目标和实现欧盟能源供应多样化而优先考虑的问题。欧洲氢气骨干网的起点是欧盟共同利益重要项目（IPCEI）氢项目框架内的跨国管道项目。这些项目必须迅速得到更多跨境管网的支持，特别是要确保在欧盟范围内必需的氢进口量。

为了实现气候目标和计划中的氢能车辆的增长，将加快扩大车辆氢气加注基础设施，特别是覆盖工业界关注和需要的重载货物运输的大容量氢气加注基础设施，并继续根据需求进行扩建。联邦政府支持这一扩展，并正在为此研究进一步的资助模式。

为了实现中短途航空的二氧化碳中性以及航运中的气候中性，根据相应飞机和船舶的可用性进展情况，正在研究支持开发液氢或氢衍生物加入飞机和船舶的基础设施。

a）国家氢基础设施。

作为电力、天然气和氢气之间协调管网规划过程的一部分，在欧盟共同利益重要项目（IPCEI）氢气管网之外扩大开发国家氢气管网，以满足可预见的氢需求。由于最初连接到氢气核心管网的用户数量较少，通过管网收费让全部用户提供资金将导致增量阶段的高收费。因此尤其在启动阶段，管网费用不应过高，并且应尽可能做到标准化。目前正在研究适当的解决方案，如随着时间的推移转移费用。除结构性政策考虑外，管网规划中还考虑到了交通运输部门的要求。

目前，尚未有大规模的氢和氢衍生物存储，也没有这个必要性，因为氢和氢衍生物的供应量还不多，成本还很高。不过，从 21 世纪 20 年代后半期开始，随着生产量和需求量的增加，它将会变得越来越重要。考虑到长期的投资周期，现在就必须确定正确的方向，并在早期阶段求证需求和增长量。

短期措施（2023 年）

今年将对《能源经济法》进行修订，以便为首个氢气核心管网奠定法律基础。为此计划采取两个步骤：

步骤 1：由燃气输送系统运营商提交初始氢气核心管网，并由联邦网络局确认，该管网将于 2032 年实现，并在供应和应用端连接德国的相关地区。

步骤 2：《能源经济法》的后续修正案将为从对周期性天然气管网发展计划扩展为对天然气和氢气的综合管网发展计划提供法律依据。

作为氢灯塔引领项目 Trans－HyDE 氢运输计划的一部分，为高效输氢提供有充分依据的规划和技术先决条件。这样就能在有既定目标的综合框架内，对技术开放的能源网络发展给予支持。

有目标地推动潜力分析和系统分析以及转型路线图，利用可靠的科学研究成果支持氢经济的发展，并以一种有弹性和安全的方式进一步发展能源系统。

中期措施（自 2024/2025 年起）

将在上述法律基础上制定第一个天然气和氢气管网发展计划。

在规划未来的系统发展战略（SES）时，还必须考虑与电力、交通和供热之间的相互作用。系统发展战略支持为氢气管网在所有领域的进一步扩展，制定框架条件。

b）欧洲氢气骨干管网。

未来欧盟成员国的新建管网将通过欧洲氢气骨干管网连接起来。为此，第一个扩展阶段是在欧洲各地实施欧盟共同利益重要项目 IPCEI 中的氢基础设施项目，总长 4500 公里的氢气管道（其中新建 1500 公里，天然气管道改造 3000 公里），包括跨境连接。

欧洲管网这一核心管网将与参与的成员国的管网一起被迅速扩建，以确保将欧洲生产或进口的氢分配到整个欧盟范围内主要的应用中心。德国政府的工作重点是建立与邻国的联系，从而在中欧建立一个发达的管网，与北欧、南欧和东欧的潜在生产中心以及西欧具有战略地位的进口中心相连接。

短期措施（2023 年）

在欧盟层面，德国政府致力于为欧洲氢基础设施的进一步发展迅速建立一个明确的框架，而且不局限于欧盟共同利益重要项目 IPCEI 的项目。天然气市场和氢计划的框架条件应在今年确定，以便在 2030 年前建成欧洲氢气骨干管网。

与欧盟委员会和有关伙伴国家的几次双边对话确定了将在不久的将来就快速实施跨境管道项目进行协商。德国政府大力支持在欧盟内部建设新的氢气管道或改造不再需要的天然气管道，例如，作为欧盟委员会共同利益项目（PCI）遴选程序的一部分或基于可行性研究的双边协议的项目。

除了通往北海和波罗的海地区的通道外，目前正在考虑将通往北非的通道，或者经由法国、西班牙和葡萄牙（H_2Med），或者经由奥地利和意大利（南部通道）作为优先通道。目前正在与所有参与国举行会谈，以促进在这两个海域建成共同的制氢和配送集群。

中期措施（自 2024/2025 年起）

为了中期扩大欧洲氢气核心管网，甚至在开始扩大欧洲氢气管网运营商的管网之前，就与欧盟成员国和其他伙伴国家进行对话，共同制定合作项目和建立跨境基础设施。与挪威和丹麦的对话已经进入后期阶段，与芬兰、瑞典、奥地利、意大利和法国的对话也已经开始。包括建设海上风能利用中心、海上电解水制氢站以及签订长期进口协议。

c）为从第三国进口氢的基础设施。

其目的是在德国和欧洲迅速建设用于进口氢所需的基础设施，以便在早期阶段利用欧盟以外生产的可持续氢和氢衍生物来满足可预见的氢需求。

为此，将推动在德国沿海加快建设可转化为氢或氢衍生物的进口终端，建立安全、可持续的进口航运路线，并重点扩展港口的氢运输基础设施。目前正在建设的液化天然气基础设施就是一个重要的起点。这些基础设施的建设方式应该是"H_2-ready"（可转换为使用氢）的，而且是可用较低的经济成本进行转换，这也适用于氨和甲醇等氢衍生物或液化有机载氢体LOHC等运输介质的装卸。此外，氢衍生物（如氨或甲醇）在国内的安全运输路线也会越来越多。生产和运输供应链必须履行人权和环境尽职调查义务。在必要的运输基础设施方面，必须评估和避免环境风险，例如生物多样性方面的风险。

在适当的情况下，将可以实施通往欧洲经济区以外的经优选的国家的管道项目，因为从长远来看，这些项目能够提供更加有利和安全的供应。

短期措施（2023 年）

氢产业加速法正在制定。除其它事项外，还正在研究加快扩建氢进口终端的措施。

为了实现所需的进口基础设施，并考虑到对进口的大量需求，目前正在与国际伙伴合作，来澄清未决问题。

从船舶运输的角度考虑，所有新建的液化天然气终端也应可转换用于氢或其衍生物。

由于德国根据欧洲法律承担的义务，港口燃料基础设施的发展计划已在迅速推进。作为制定"国家港口战略"的一部分，将与联邦各州协调制定进一步发展港口的战略措施，使其成为能源转型的可持续枢纽，从而满足港口进口氢的基础设施要求。

中长期措施（2024~2030 年）

天然气和氢气内部市场一揽子计划还为全欧盟氢气管网规划奠定了基础。

与计划中的氢项目相协调，欧洲氢骨干网还必须考虑通往欧盟邻国（如挪威、英国、乌克兰、摩洛哥、突尼斯和阿尔及利亚）的战略性氢气管道。根据双边协议，目前正在对来自挪威的所有氢气供应进行可行性研究。

还将建造更多的氢或其衍生物的专用终端设施。

3. 明确氢的应用

2030 年目标方案：根据目前的认知，到 2030 年，氢及其衍生物将特别用于工业部门，如化工和钢铁工业，以及用于燃料电池或作为可再生燃料的交通部门。预计到 2030 年，供暖部门将不会广泛使用氢气，但应在法律和技术上允许将天然气分配网络转换为氢气，并使用分布式氢气锅炉。

（H_2 - ready）konzipiert werden。在电力行业，电解槽尤其可以作为可调的系统稳定器或消费侧的灵活负载。另外，在电力需求量大而可再生能源发电量小的情况下，氢气可在发电侧重新转化为电力。必须在未来几年内开始对使用氢气的燃气轮机、燃料电池和内燃机的氢能发电厂进行测试并增加出力，因此到 2030 年，也需要足够数量的氢气。此外，新建的燃气发电厂也应设计为"可转换为使用氢气或其衍生物的"（H_2 - ready）。

原则上，氢及其衍生物有许多可能用途。氢是否会被越来越多地使用，主要取决于是否有足够的氢供应量，以及与其它选择相比，氢在价格方面是否具有吸引力。只要氢还是一种稀缺和昂贵的原材料和能源，重点放在直接电气化的应用上是没有经济意义的，除非没有可替代的技术解决方案来实现气候中性。

从联邦政府的角度来看，氢的使用不应局限于个别应用领域。但是，从经济和工业政策的角度来看，应该考虑氢的价格可能会随着需求的增加而上涨，特别是对于那些没有氢或氢衍生物替代物的消费者来说。因此，尤其需要在这些领域采取措施并提供支持。政府的支持应集中在绝对需要使用氢且没有替代物的领域。

我们还考虑到了主要工业中心以外的中小型企业的特殊需要。

a）工业。

在工业领域，以氢为基础的技术是一种合适的转型选择，尤其是在那些以氢替代天然气、原油或煤炭等化石原料进行原材料利用的领域。同样，在某些行业，氢的能源利用也是脱碳的唯一选择。

在工艺供热领域，氢气在中低温范围内可与大型热泵、电极锅炉或电子裂解器等直接电力解决方案竞争。然而，在高温应用领域，由于电气化在技术或经济上不可行或尚不可行，氢是目前唯一的脱碳选择。这尤其适用于钢铁的初级生产和部分化工行业。此外，氢还有助于避免原本难以避免的工艺排放。德国政府在市场推广阶段重点关注这一点。根据德国联邦经济与气候保护部的长期预测，到 2045 年，工业对氢的需求量将在 290~440TWh。之所以出现如此大的数量差范围，主要是由于德国工业（尤其是基础化工）的不同发展路径。

为了推动氢的发展，推动在工业中转向气候中性生产工艺所需的转型相关投资，特别是为了激励必要的飞跃式创新，至少在中短期内，财政支持是必要的。这将确保尽早实现转型。这对于实现气候目标和提高德国作为工商业中心的竞争力都至关重要。除了财政支持外，还必须为降低温室气体排放和气候中性工业产品（尤其是绿色主导市场）的成功商业化创造更多先决条件。刺激对绿色产品的需求将有助于在中长期内减少对国家补贴的需求。

短期措施（2023 年）

对工业部门的各项支持措施及其密切协调和整合已经或即将推出，包括：

工业气候保护协议：为排放密集型行业的公司提供因增加成本的补贴，因为与传统工厂相比，这些公司需要建造更有利于气候保护的工厂（产生资本支出 CAPEX）和运营（产生运营支出 OPEX）；

在欧盟共同利益重要项目氢框架内进行资助；

工业脱碳资助计划。

确保融资系统紧密配合。除资金支持外，还必须为气候友好型产品的盈利营销创造条件。为此提出了"绿色主导市场"的概念，为创造对气候友好型原材料的需求（从钢材和水泥开始）提供了定义基础和手段。这方面可能的手段是标签、产品标准以及公共采购中的标准和配额。

b）交通运输。

在交通运输领域，使用电池和燃料电池实现电气化，以及使用以电力为基础的可再生燃料，是与减少交通流量和交通模式转变相同的实现气候保护目标的关键手段。氢及其衍生物是可持续的、气候友好型交通的重要组成部分，也是对其它替代驱动方式的补充。因此，交通运输部门也可以成为扩大氢经济规模的推动者。

作为 2021 年 9 月欧盟《可再生能源指令（修订版）》（RED Ⅱ）国家实施工作的一部分，已决定航空业有义务在市场上销售以电力为基础的 PtL（电转液）航空燃料。根据德国政府关于从 2022 年 6 月起实现航空业气候中性的联合文件，以燃料电池为基础的动力系统和以氢为基础的航空辅助装置的开发也是重点。为了使中短途航空实现气候中性，正在根据相应飞机进步的情况，研究支持开发液氢初始加注基础设施。

需要有足够量的氢及其衍生物，才能为实现交通运输部门的气候保护目标做出贡献。加速生产和使用基于氢和电的燃料（电力生产的燃料）在航空和航运领域以及军事部门等特殊应用中尤为必要。这需要开展进一步的研究活动，并制定适当的措施（如法规和标准化）。

规划和投资安全也是必要的。德国政府还通过资助计划支持扩大《欧盟替代燃料基础设施条例》（AFIR）中规定的加氢基础设施，并正在为此研究新的资助模式。

将制定氢能和燃料电池技术在交通领域应用的总体规划，以便有针对性地推动氢能和由氢制成的燃料、燃料电池汽车、燃料电池组件和系统以及所需基础设施的规模化发展。总体规划将考虑现有的进程和战略、筹资方案和监管措施，确定具体的行动步骤和时间表，并阐明对实现 2045 年国家气候目标可能的贡献。

短期措施（2023 年）

在欧盟关于修订《欧盟可再生能源指令》（修订版）（RED Ⅱ）的谈判中，德国政府特别主张为非生物质可再生燃料（即氢和电力制取的燃料）设定配额下限。这一配额正在全国范围内大力实施。德国政府还在欧盟航空燃料改革（ReFuelEU Aviation）谈判中成功地支持了欧盟层面的电力制取的燃料的强制配额，并在欧盟海运燃料改革（ReFuelEU Maritime）中支持了非生物质可再生燃料（RFNBOs）的日出条款（法规生效日期）和配额下限。

积极支持和参与在国际上氢及其衍生物以及燃料电池系统的存储、运输和使用的交通运输标准的制定和协商。

关于（公路）欧洲货车收费证 Eurovignette 指令的修订指

令将立即实施。根据欧洲货车收费证 Eurovignette 指令，货车的道路通行费根据二氧化碳排放量和污染物排放量等因素而有所区别，以鼓励使用更环保的车辆，包括氢动力车辆。

实施短期措施，确保到 2025 年前瞻性地发展初步的加氢基础设施网络。

将重点支持和促进运输部门的欧盟共同利益重要项目 IP-CEI 中的项目，这些项目涵盖了整个价值链，如有必要，还将在其它法律基础上予以支持和促进：从燃料电池系统和零部件的开发和生产，到车辆的开发和生产，以及跨欧洲加气基础设施基本管网的初始建立。

计划继续开展"HyLand——德国氢能地区"竞赛，并正在研究进一步的发展。

2023 年，德国将发布对电力制取的燃料生产系统进行投资的跨模式激励举措，以便在工业规模上提供必要的技术证明，从而为德国公司提供发展潜力，例如出口这些设备和生产技术。

作为国家氢能和燃料电池技术创新计划和航空研究计划的一部分，继续促进基于氢和燃料电池技术的航空推进技术领域的研究和开发。计划中的氢创新和技术中心（ITZ）将在其北部地点（汉堡、不来梅、斯塔德）为氢和燃料电池在航空中的应用提供测试基础设施。

计划于 2023 年底在氢全球化 H2Global 机制下启动一个国家样板项目，以促进电力转换为液体燃料 PtL 的工业生产。

建立一个分布式的"氢创新和技术中心"，旨在为所有运输方式创造一个测试、检验和开发环境，这是德国迄今为止所缺乏的，它将有助于制定与产业政策密切相关的规范和标准等框架条件。

在制定"国家港口战略"时，将对港口基础设施的发展进行调研，以便用氢及其衍生物为航运加注燃料。德国根据欧洲法律承担的义务，已经在迅速推进港口加氢基础设施的发展计划。

中期措施（2024~2025 年）

审查、更新和进一步发展氢和燃料电池技术领域的现有对加气基础设施、可再生燃料的生产和氢及其衍生物使用的资助计划，特别是为了实现脱碳的运输须长期依靠液态或气态可再生电力燃料的计划，包括：国家创新计划氢能和燃料电池技术（NIP），可再生燃料总体筹资概念和欧盟共同利益重要项目IPCEI 中的交通运输项目 Hy2Move。

作为"国家气候友好型航运行动计划"的一部分，制定航运业氢转型总体战略，包括基于氢技术的替代驱动和燃料示范项目的技术开放资助框架。

长期措施（2027~2030 年）

在《欧盟替代燃料基础设施条例》（AFIR）生效后，联邦政府将在必要时采取进一步措施，确保根据需求建立加氢站网络，特别是商用车加氢站网络，以适应到 2030 年的市场增长。

c）电力。

在向气候中性方向发展的电力系统中，联网的氢气正成为一种重要的能源。它能够长期存储和运输来自可再生资源的能源。这也包括氢的衍生物，如合成甲烷、氨、甲醇、煤油和其他合成燃料。

在电力需求旺盛而可再生能源电力供应不足的情况下，氢能发电厂可发挥短期和季节性平衡功能，前提是其它更有效的灵活性方案或存储设施无法提供这种功能。

根据联邦经济事务和气候保护部的长期展望，能源转换部门（电网和供热网）的氢年需求量将从目前的 0TWh 增加到 2045 年的 80~100TWh。

随着燃煤发电的逐步淘汰以及随后对化石燃料发电的普遍放弃，德国的电力供应将实现气候中性（参见《可再生能源法》第 1a 章 EEG 中的目标）。因此，对燃气发电厂的新投资必须确保发电厂能够转换成使用氢或其衍生物（即"氢准备就绪" H_2-readiness）。

2022 年的《热电联产法》（KWKG）规定，自 2023 年 7 月起获批的电力输出为 10 兆瓦以上的新建热电联产发电厂必须证明，它们可以在以后以较低的额外成本转换为氢能发电。对于从 2023 年起将获得补贴的生物甲烷发电厂，《可再生能源法》也有几乎相同的要求。

此外，通过《可再生能源法》（第 88e 和第 88f 条）中的条例授权，已经为氢及其衍生物在发电领域的试验和市场快速增长提供了资助机会（所谓的"氢能领跑发电厂"和当地的"可再生能源—氢能混合发电厂"）。

电力部门对氢的需求增加了对氢基础设施的要求，特别是在存储量方面，在扩大氢基础设施时必须考虑这一点。此外，还必须确保到 2030 年，在不同的地点和采用不同的运行模式进行电解水制氢的产能扩展时在很大程度上要与系统兼容。

短期措施（2023 年）

在系统发展战略和"气候中性的电力系统平台"的框架下，正在研究"系统兼容的电解水制氢"的要求，特别是有利于整个系统的电解槽位置和运行模式，在启动阶段，尤其强调运行的经济效益。

根据 2023 年《可再生能源法》第 28e 条的规定，计划对利用纯氢或氨发电的所谓"氢领跑"发电厂进行招标，这将推动这些发电厂的试验和市场快速增长，将有助于平衡不稳定的可再生能源发电量。作为第一步，将根据 2023 年的《可再生能源法》第 88f 条授权发布法令。通过 2023 年至 2026 年的招标，支持建设 4.4GW 的氢和氨发电厂。

根据《德国可再生能源法》（EEG）第 28d 条的规定，计划对当地的"可再生能源氢混合发电厂"进行招标，这将推动以氢为基础的电力存储创新概念的试验和市场快速推广，以帮助平衡不稳定的可再生能源发电。与"氢能领跑"发电厂不同的是，氢是在现场产生的，因此可以构成从发电、存储到再转化为电力的整个过程链。作为第一步，将根据《2023 年可再生能源法》第 88e 条授权发布法令。在 2023 年至 2028 年的招标中，将再建设 4.4GW 的氢混合动力发电厂，作为氢基电力存储的一部分。

中期措施（2024/2025 年）

从中期来看，我们将研究未来是否以及在多大程度上有必要对可调控发电出力的、气候中性的发电能力进行再融资，从而也对氢能发电厂进行再融资。特别是在气候中性电力市场设计平台前提条件下就未来电力市场设计进行的讨论正在为此奠定基础。

d）供暖（建筑领域）。

根据目前的知识，一般来说，氢在分布式的供热系统中的使用将处于从属地位。至于工业、交通和建筑领域之间的竞争，可以假设，即使价格相对较高或不断上涨，工业和交通领域对氢的需求也可能保持不变，而许多建筑和居民区则有其它选择及替代方法。

根据目前的知识水平，除试点项目外，氢气在建筑空间采暖中的直接使用预计要到 2030 年以后。然而，在没有供热网络、热泵无法有效运行的建筑物中，如果附近已经有大量氢气消费者，并且氢气供应充足且价格低廉，那么使用氢气锅炉或氢气热电联产系统可能是一种必要的技术选择。

在这种可能比较孤立的情况下，使用混合供暖系统，用氢来满足高峰负荷，有助于缓解电力系统的压力，使整个系统更加灵活。需要研究将输送天然气的配网转换为输送氢气，并且以这样的需求量运行在经济上是否可行。

在决定这种转换路径时，应考虑当地的边界条件、上游基础设施（首先是与国家氢气骨干网的空间距离）以及供热的预期经济可行性，包括管道配网的转换，这些都应以尚待确定的科学合理的标准为基础。

为此，将把推行城市供热规划作为核心全面规划手段。在提供空间供热方面，还应研究氢气衍生物与生物甲烷的结合是否可作为所选燃气管网的脱碳选择。

在《建筑能源法》的修正案中，将明确要求把这些应用类型作为履行计划中的可再生能源使用义务（65% 规则）的备选方案。

在与国家氢气运输管网相连的大型供热网络中，在发电厂的氢气驱动的热电联产设备可与储热系统一起为供热做出贡献。

通过将废热（例如电解水制氢产生的废热）输入供热网络，制氢工艺可以间接提供热量。

在不与氢气网络连接的小型供热网络中使用（本地制取的）氢气是否是一种经济上可行的替代方案，必须根据尽可能规范化的和最新的科学判据，针对每种具体应用进行审查。

如果 2030 年后有足够的低成本氢气，还将对供热领域的其它可能应用进行测试。

短期措施（2023 年）

在选择电解槽位置时，应将利用电解槽废热的潜力与可再生能源电力供应和电网瓶颈等其它变量一并考虑。

联邦政府正在与利益相关方协商，在《供热规划法》的指导方针中制定用于审查分布式供热中氢气使用前景的判据和实施辅助工具。

4. 创造有效的框架条件

2030 年目标情景：在欧洲国家如有可能包括在国际层面上支持为氢及其衍生物的可持续生产、运输、存储、进口、供应和利用扩大市场而制定连贯一致的法律条件。氢及其衍生物的国内生产有统一的标准和认证体系，其进口和供应也有连贯一致的体系。

国家将在产业链的各个阶段和层面积极引导和促进合作，从而推动氢市场的发展。为实现可持续和高效的市场发展而与工业界的对话尤为重要。

生产能力以及存储、加注和运输基础设施的发展必须遵守有效的规划和审批程序，同时还要保护相关资产。与氢行业相关的部委、许可机构和行政部门的能力将根据需求迅速扩大。有针对性地尽可能协调各级政府（市县、联邦州、联邦政府、欧盟）的程序、措施和任务。

德国技术开发商是领先的供应商，"德国制造"的氢技术在国际上需求量很大。二氧化碳定价作为一种重要手段，包括有效的碳泄漏保护，正在不断发展，以改善投资安全和激励机制。我们还希望在共同目标的基础上，进一步加强与欧盟其它成员国在氢领域的交流与合作。因为只有团结起来，我们才能成功地扩大氢市场。

除了在生产、终端、管网、储氢罐和储氢基础设施以及氢应用领域的优先措施外，氢市场的整体提升还需要有效、连贯和透明的框架条件，这些条件是对直接融资工具的最佳补充。

促进性框架条件不仅涉及产业链的各个阶段，如审查并在必要时简化电解槽以及运输、存储、加注和进口基础设施建设的规划和审批程序，而且还具有广泛的影响，如在研究、创新和教育领域。

a）规划和审批程序。

对于目前急需建设的氢生产、运输、加氢和进口基础设施，正在审查简化和加速的法律要求，并减少监管障碍。同样重要的是，提升氢领域的行政管理效率，例如，扩大足够的资源和提升能力，以满足氢领域日益增长的需求。

短期措施（2023年）

联邦政府将提出氢加速法案，以加快氢及其衍生物的生产和相关基础设施的建设。其目的之一是适当调整和简化监管和立法框架。

为了缩短氢及其衍生物分布式生产扩大的审批程序，在欧洲法律变化的基础上，进行《联邦排放控制法》（BImSchV）的第4项关于需要授权的装置的法令修正。

加氢站建设的审批程序正在简化和数字化。正在开发各种类型加氢站的测试程序，以确保符合校准和测量法。

此外，还须要增加专业人员的数量，以促进氢经济的发展。氢部门的行政资源，包括联邦网络局，也必须根据需求进行扩充。

b）可持续发展标准和认证。

氢市场的可持续发展迫切需要针对氢及其衍生物的国内生产和进口，制定雄心勃勃的可持续性标准和认证体系。

目前正在推动达成一项关于相互承认标准和证书的国际协

议。建立同样强大、创新和数字化的认证解决方案至关重要。此外，正在致力于在欧洲层面以及与非欧洲进口地区统一氢及其衍生物的生产、运输和分销标准。

标准化的可持续发展标准和认证体系有助于使产品质量具有可比性和可验证性，并达成确定和遵守各种氢生产形式的最低标准。

此外，认证体系的建立还能保证氢的使用与可再生能源的大规模建设、以电力系统为导向的制氢以及化石能源的替代齐头并进，从而确保所使用的氢对气候保护产生效果以及以气候中性为导向的能源系统转型。

认证系统还能将国际交易的氢产量的相应产品特性明确标注在给德国或其它国家的特定消费量上。

在此背景下，必须在尽可能多的国家建立可持续性标准和认证体系，并在国际上相互承认。这尤其适用于与德国保持氢伙伴关系的国家。

短期措施（2023 年）

为需求部门的氢消费记账制定明确的指导方针，例如，通过气候保护协议（CCfDs）提供补贴，或在运输和工业部门提供配额。它定义了哪些碳源可被归类为可持续碳源，以便用于生产氢衍生物（根据短期/中期和长期进行区分）。这将与工业的转型战略相辅相成。

联邦政府将在国家、欧洲和国际层面上发挥积极作用，制定认证制度和原产地保证，同时考虑到环境和可持续性的高标准，如避免水资源短缺和争夺使用权、污染和争夺土地，以及在供应链中保护人权。

特别是，必须在短期内确定标准和建立制度，以便能够核实直接或间接促进氢及其衍生物的生产或使用的要求。任何缺失的部分都将作为研究的一部分加以解决。

欧盟（《欧盟可再生能源指令》（修订本）（RED Ⅱ）第 27 条和第 28 条规定的授权法案、原产地保证要求）正在迅速转化为国内法。这为氢经济领域的企业提供了重要的规划和投资保障。

根据《欧盟可再生能源指令》（RED Ⅱ／Ⅱ 修订版）第 27 条和第 28 条制定的授权法案（DA）是全欧洲绿氢生产标准化判据的基础。为了促进市场的发展，德国政府赞成在授权法案的基础上迅速制定可靠且无官僚主义的欧洲绿氢标准。重要的是，必须及时提供法律确定性，以促进投资。

关于《原产地保证登记法》更详尽的条例将在不久后颁布。

虽然欧盟法规规定了生产绿氢的判据，但并没有特别针对蓝氢的规范。特别是要对在生产蓝氢过程中捕捉到的二氧化碳的处理方法制定判据。

为此，德国政府将倡导标准化、切实可行和着眼于长远的判据，为蓝氢设定温室气体排放门槛值，以及就欧盟的二氧化碳运输和永久安全存储问题开展对话。

在联邦经济和气候保护部的领导下，目前正在制定一项碳管理战略，该战略将确定"碳捕捉和利用 CCU"和"碳捕捉与封存 CCS"的可能应用领域，并解决德国碳捕捉、利用与封存 CCUS 的法律和经济框架条件问题，例如，从德国跨境运输二氧化碳的选择方案。

中期措施（2024/2025 年）

在确保化学品安全处理的同时，制定国际公认的可靠方法，可靠地确定氢及其衍生物在生产、运输和使用过程中的温室气体足迹，是标准应用和认证体系的基础。

因此，它构成了氢的贸易和认可资格的基础。在制定方法的过程中，德国政府将积极参与相关委员会的工作，支持在符合《巴黎协定》的目标和规范方面制定雄心勃勃的标准。

必须评估和考虑与生物多样性、水和土地利用以及产业链中的人权保护等有关的可持续性判据。在项目实施过程中，必须对现有的可持续性判据（如全球氢交易平台 H2Global 的判据）进行评估，并在必要时进行调整。

从中期来看，德国政府的目标是与感兴趣的欧盟成员国建立更强大、更紧密的合作关系，以协商推进市场发展，制定共同的长远标准，统一促进和协调进口。

c）加强研究、创新和专业人员的培训。

加强研究、创新和教育是建立和进一步发展国家、欧洲和全球氢经济的核心。

因此，研究、能源、气候、工业、交通和环境政策必须紧密协调、相互匹配，以便更有效、更有目的性地将基础研究转化为面向应用的研究，走向市场成熟和实际应用。德国发展政策的特殊情况和目标也必须考虑在内。

关于氢的生产、存储、运输以及在工业应用和基础设施中的利用（包括转化为面向氢及其衍生物的能力）的既定研究计划，如应用能源研究和能源转型的实验室，将继续、稳定和有针对性地发展。

其中包括氢旗舰项目氢生产（H_2Giga）、离岸氢（H_2Mare）和氢运输和基础设施，包括氢准备（TransHyDe），以及在国家氢和燃料电池技术创新计划（NIP）、"HyLand-德国氢地区"计划、氢创新和技术中心（ITZ）和电力转液态燃料 PtL 开发平台的框架下，促进交通运输部门的研究和开发。

为了提高德国国内的电解水制氢产能，要为德国的研究和工业提供长期和可持续的支持，并加快从研究向生产能力的转移，从而使德国的技术开发商保持领先地位，使"德国制造"的氢技术继续在国际上受欢迎。为此，将特别加强基础研究和应用研究。

重点是继续以尽可能快的速度实现工业化生产。这也适用于利用氢和燃料电池技术在分布式能源供应领域的示范和试点项目。

在氢领域，以需求为导向的培训和专业人员的进修是德国国内市场建设和技术发展的基础。

短期和中期措施（2023~2025 年）

氢技术和创新路线图将汇集所有相关参与者的创新研究。路线图将在德国未来氢经济的探路者 $H_2Kompass$ 项目成果的基础上制定，并衍生出战略措施。现行措施的成果（特别是氢示范项目、能源转型实验室和为能源转型的"生活实验室"提供科学指导的 Trans-4Real 项目、氢技术攻坚、氢潜力地图集，如德国氢地图集）以及氢研究网络和国家氢委员会的建议都将被纳入考虑范围。

德国政府的能源研究计划正在更新，并正在开发新的、以任务为导向的资助形式，以便以重点突出和效果为导向的方式为氢创新做好准备，并加速其市场投放。

该计划还将建立企业与研究机构之间的竞争合作关系结构，以支持加速实践经验的转让。

目前正在寻求技术研究和开发方面的国际合作，这也是为了在国际上进一步定位和支持德国公司，使其成为氢技术的市场领导者。这也包括在全球范围内与有海岸线的伙伴国共同推进新的、创新的氢生产途径。

目前正在研究全球天然氢（即所谓"白"氢）的资源

潜力。

在短期内，为基础设施部门所需技术的进一步开发和升级争取资助。为了实现氢和氢衍生物的进口，必须对包括安全问题和环境危害领域在内的技术进行研发，并使其能够市场化地成熟使用，例如，运输船、再气化装置或氨裂解炉。（基础）能源材料的研究也在同步进行，以大幅减少或替代关键材料。

通过与工业界的合作，促进了以基础和应用为导向的研究课题。除了全新技术的研究外，还特别包括氢技术的升级。与此同时，整个产业链的效率也在加速提高。

在研究方面，支持原产地保障和认证的开发，数字化在这方面也发挥着特殊作用。我们的目标是建立一个尽可能简洁、非官僚主义的系统，同时需要严格的激励措施，最大限度地减少总体碳排放，实现可持续发展。这也包含了氢生产和进口的可持续性判据。

目前正在制定一揽子措施，以提高氢相关专业的吸引力，包括针对数学、信息科学、自然科学及技术方面专家的倡议。除长期措施外，还包括短期措施（再培训和进修计划）和中期措施（促进大学教育、技术移民）。为来自大学的年轻氢专业人员提供特别支持，并提供国际交流计划。支持能源和绿氢领域的能力建设，包括通过与非洲 15 个西非国家经济共同体（ECOWAS）国家合作的全球独一无二的硕士学位计划。

建立新的战略性国际研发合作（如美国、中国台湾），保持现有的合作伙伴关系（如西非和南部非洲、澳大利亚、加拿大）。并建立或加强与伙伴国商界、科学界和政界专家的对话平台。

有针对性地加强与欧盟生产国和过境国的研究与创新合作。将从一开始就考虑与世界其它地区建立合作伙伴关系（例如利用欧盟的全球门户等倡议）。

附录三 德国国家氢委员会关于德国更新版《国家氢战略》的声明 Statement on Germany's updated National Hydrogen Strategy

STATEMENT
声明

Germany's National Hydrogen Council (Nationaler Wasserstoffrat – NWR) welcomes the updated National Hydrogen Strategy (Nationale Wasserstoffstrategie – NWS) presented by the German government, which further develops, in accordance with the coalition agreement of 10 December 2021, the National Hydrogen Strategy originally adopted in June 2020. The updated Strategy sends an important signal concerning the hydrogen ramp-up in Germany, and sets out, in particular, the objective for 2030 to accelerate the market ramp-up in order to ensure sufficient hydrogen and derivatives for establishing hydrogen applications in all sectors. This is the only way Germany can secure its leading position in hydrogen technologies along the entire value chain.

德国国家氢委员会（Nationaler Wasserstoffrat NWR）对德国政府提交的更新版《国家氢战略》（Nationale Wasserstoffstrategie NWS）表示欢迎，根据 2021 年 12 月 10 日的联合政府协议，该战略对最初于 2020 年 6 月通过的《国家氢战略》进行了进一步更新。更新版"战略"发出了关于德国氢加速发展的重要信号，并着重提出了 2030 年的目标，以加速市场发展确保有足够的氢和氢衍生物，在所有领域建立氢应用。只有这样，德国才能确保其在整个产业链中氢技术的领先地位。

Although the 2030 vision is essential for the early stages of the ramp-up, it is not sufficient for the objective of a liquid hydrogen market in terms of technologies, infrastructures and commodities (hydrogen and its derivatives), so the NWR urgently recommends that future perspectives in this regard, which are as robust as possible, be added to the present strategy without delay. In addition, the NWR still sees a need for strategic specification and classification in the following areas:

虽然 2030 年的愿景对于早期阶段的增长至关重要，但从技术、基础设施和大宗商品（氢及氢衍生物）的角度看，这不足以实现建立液氢市场的目标，因此，国家氢委员会迫切建议，应立即在当前战略中增加这方面的未来展望，并尽可能做到稳健。此外，德国国家氢委员会认为仍有必要在以下领域进行战略规范和分类：

◆ The goals through to 2030 need to be set out in greater detail together with an optimised monitoring and review system, and the need for action with regard to the market ramp-up looking ahead to the period after 2030 must be discussed.

需要更详细地制定 2030 年的目标，同时建立优化的监测和审查制度，并需要讨论在 2030 年之后需要采取什么行动来扩大市场

◆ No hydrogen storage strategy has been detailed to date. In addition to the technical aspects involved，this must also describe hedging and refinancing mechanisms for storage operators.

迄今为止，还没有详细的氢存储战略。除了所涉及的技术方面，该战略还必须说明存储运营商的对冲交易和再融资机制。

◆ There is also a lack of detail concerning a hydrogen import strategy，which provides，for example，clear framework conditions for long－term contracts，the design of an internationally harmonised certification and standardisation system（also taking into account broader sustainability criteria），the use of state guarantees to secure supply and demand and，in the market ramp－up，the need to fund the difference between procurement costs and purchase price. Furthermore，the import infrastructure and its financing（ammonia terminals and crackers）must be considered.

关于氢进口战略也缺乏细节，例如，为长期合同提供明确的框架条件，设计国际统一的认证和标准化系统（还应考虑到更广泛的可持续性标准），使用国家担保来确保供应和需求，以及在市场增长过程中，需要为采购成本和购买价格之间的差额提供资金。此外，还必须考虑进口基础设施及其融资（氨接收站和裂解炉）。

◆ The National Hydrogen Strategy should fit coherently in with other energy and industry policy strategies and be consistent with their respective objectives.

国家氢战略应与其它能源和工业政策战略相协调，并与各自的目标相一致。

◆ The German Hydrogen Acceleration Act （Wasserstoffbeschle-unigungsgesetz） should be clarified, in particular so as to emphasise the central importance of simplifying approval procedures for transport, import and storage infrastructures as well as generation facilities.

德国氢加速法（Wasserstoffbeschleunigungsgesetz）应予以澄清，要着重强调简化运输、进口和存储基础设施以及生产设施审批程序的核心重要性。

◆ Carbon contracts for difference need to be more firmly anchored and brought into focus as the central instrument for stimulating demand for the hydrogen ramp-up in various industrial sectors.

碳差价合约作为刺激各工业部门氢需求增长的核心手段，需要更牢固地锚定并成为关注焦点。

◆ Coherent framework conditions and a funding strategy need to be developed, and regulatory obstacles along the entire production and value chain need to be avoided or removed, such as the definition of hydrogen in the German Energy Industry Act （Energiewirtschaftsgesetz, EnWG）.

需要制定连贯的框架条件和融资战略，并避免或消除整个生产和价值链上的监管障碍（如《德国能源经济法》中对氢的定义）。

The NWR agrees with the German government's analysis that the changed framework conditions since the National Hydrogen Strategy was adopted in June 2020 have had a significant impact on the necessary role of hydrogen and its ramp-up. In particular, the more ambitious climate protection goals with climate neutrality envisaged by 2045, the Russian war of aggression on Ukraine as well as the growing international competition for technological leadership in the hydrogen sector are examples to be mentioned here.

自 2020 年 6 月《国家氢战略》通过以来，德国国家氢委员会同意德国政府的分析——框架条件的变化对氢的必要作用及其提升产生了重大影响。特别是到 2045 年实现气候中性的更雄心勃勃的气候保护目标、俄乌战争以及氢行业技术领先地位的国际竞争日益激烈，都是值得一提的例子。

The significant changes mean that demand for hydrogen and its derivatives will come sooner and be much greater than was assumed in the 2020 Strategy. At the same time, hydrogen and its derivatives have an even more important role to play in diversifying energy imports and ensuring security of supply. The US Inflation Reduction Act intensifies international competition surrounding hydrogen technologies and associated industries and has the potential to have a lasting negative impact on competitiveness, employment, transformation of industry and economies in Europe, especially in Germany, as well as on the achievement of climate goals overall. Only if a competitive supplier and OEM industry for electrolysers and other key technologies of the hydrogen economy is quickly established in Europe can the opportunity to participate in the emerging global hydrogen market be seized. The current lack of knowledge about upcoming mandatory European requirements for the use of specific materials such as PFAS in the hydrogen sector creates uncertainty at all levels-from investment to implementation-and can thus significantly delay the achievement of the set climate targets in the long term. This is primarily due to a legislative proposal of the European Chemicals Agency（ECHA）, which has been put out for consultation. Some of the measures and proposals derived there are not comprehensible and are based on incomplete assumptions. In order to enable use in key industrial technologies, taking into account appropriate end－use concepts, as well as to enable the hydrogen ramp-up, practicable transition periods and/or exceptions must be provided for in the PFAS REACH process（REACH：Regulation on the Registration, Evaluation, Authorisation and Restriction of Chemicals）, which envisages a ban. We therefore urgently advise development of a broad and complete knowledge base in all directions here, so that applications in the hydrogen sector are not jeopardised, while at the same time exploiting all possibilities to protect our environment. The NWR is preparing a position paper on this.

这些重大变化意味着对氢及其衍生物的需求将比 2020 年战略中假设的来得更早更高。与此同时，氢及其衍生物在实现能源进口多样化和确保供应安全方面将发挥更加重要的作用。美国的《通货膨胀削减法案》加剧了围绕氢技术和相关产业的国际竞争，并有可能对欧洲（尤其是德国）的竞争力、就业、工业和经济转型，以及总体气候目标的实现产生持久的负面影响。只有在欧洲迅速建立起具有竞争力的电解槽及其它氢经济关键技术的供应商和原始设备制造商产业，才能抓住参与新兴全球氢市场的机会。目前，由于对即将出台的欧洲对在氢领域使用 PFAS（全氟烷基物质）等特定材料的强制性要求缺乏了解，在从投资到实施的各个层面都存在不确定性，因此从长远来看，可能会大大延迟既定气候目标的实现。这主要是由于欧洲化学品管理局（ECHA）的一项立法提案，该提案已公开征求意见。其中的一些措施和建议难以理解，而且是基于不完整的假设。为了能够在关键工业技术中使用，同时考虑到适当的最终用途概念以及实现氢产能提升，必须在设想禁止全氟烷基物质的化学品注册、评估、许可和限制法规（REACH）过程中规定切实可行的过渡时期和/或例外情况。因此，迫切建议全方位开发广泛而完整的知识库，这样就不会危及氢领域的应用，同时还能利用一切可能保护我们的环境。国家氢委员会正在就此编写一份立场文件。

The NWR fundamentally welcomes the 2030 objective set out by the updated National Hydrogen Strategy. The NWR is of the view, however, that a certification as well as a standardisation and trading system for the establishment of a liquid and internationalised hydrogen market should be introduced in the short and medium term. A well-defined, reliable and coherent regulatory environment provides the essential conditions for enabling investment certainty for companies, creating a competitive and transparent market, and ensuring climate protection. A uniform and harmonised European system for the provision of guarantees of origin for hydrogen in conjunction with classification by upstream chain emissions is required in order to establish a regulatory framework that promotes competition and implement the necessary funding instruments for ramping up the hydrogen economy.

德国国家氢委员会从根本上欢迎《国家氢战略》更新版提出的 2030 年目标。然而，德国国家氢委员会还认为，应在中短期内引入认证以及标准化和交易系统，以建立流动和国际化的氢市场。一个定义明确、可靠和连贯的监管环境为公司实现投资确定性、创造竞争性跨国市场并确保气候保护提供了必要条件。为了建立一个促进竞争的监管框架，并实施必要的融资工具以提高氢经济，需要一个结合上游链排放分类，统一协调的欧洲氢原产地保证体系。

ENSURE AVAILABILITY OF SUFFICIENT AND SUSTAINABLY PRODUCED HYDROGEN
确保充足、可持续生产氢的系统可靠性

In order to achieve climate protection goals and transform the entire national economy while at the same time preserving jobs, value creation and competitiveness, especially in the energy-intensive industries, large quantities of cheap hydrogen and its derivatives are needed quickly. The NWR therefore agrees with the objective set out by the German government that hydrogen and hydrogen derivatives must be available in sufficient quantities to cost-effectively cover demand in the various application areas, taking into account the measures to increase efficiency and reduce demand, and to establish corresponding value chains. The NWR therefore expressly welcomes the increase in predicted demand for hydrogen and its derivatives for 2030 to 95-130 TWh. In order to meet the resulting demand for climate-neutral hydrogen, the NWR believes that 23 to 39 GW of electrolysis capacity would be needed, which would have to be installed either in Germany or abroad. Domestic expansion targets must be coordinated with those for the import strategy so as to robustly guarantee coverage of foreseeable demand. In order to guarantee these necessary quantities, the majority of the NWR welcomes the fact that, in addition to green hydrogen, blue, turquoise and orange hydrogen are also eligible options for funding in the market ramp-up phase. A minority of the NWR rejects funding for non-green hydrogen due to the significant CO_2 emissions and the risk of prolonged adherence to fossil structures and, as a minimum, calls for a clear path for phasing out funding by 2030. However, in order to stimulate investments quickly and establish the necessary production chains, reliable and unbureaucratic framework conditions are needed. This also includes a robust funding framework with a high degree of clarity under State aid law.

为了实现气候保护目标和整个国民经济转型，同时保持就业、价值创造和竞争力，尤其是在能源密集型产业中，需要迅速获得大量廉价的氢及其衍生物。因此，德国国家氢委员会同意德国政府提出的目标，即必须提供足够数量的氢和氢衍生物，以经济有效的方式满足各个应用领域的需求，同时考虑到提高效率和减少需求的措施，并建立相应的价值链。因此，德国国家氢委员会明确欢迎对 2030 年氢及其衍生物的预测需求量增加到 95 亿~130TWh。为满足实现气候中性目标对氢能的需求，德国国家氢委员会认为需要在德国或国外安装 23~39GW 的电解水制氢产能。德国国内扩张目标必须与进口战略目标相协调，以有力地保证满足可预见的需求。为了保证这些必要的数量，大多数德国国家氢委员会的成员认同一个事实，即除了绿氢之外，蓝氢、青氢和橙氢在市场提升阶段也有资格获得资金。由于产生大量二氧化碳排放并存在长期依赖化石燃料体系的风险，德国国家氢委员会的少数成员拒绝为非绿氢提供资金，并呼吁至少在 2030 年之前为逐步取消资金提供明确路径。然而，为了迅速刺激投资并建立必要的生产链，需要可靠和非官僚化的框架条件。这还包括了根据国家援助法高度明确的强有力的资助框架。

EXPANDING THE PRODUCTION OF HYDROGEN AND HYDROGEN DERIVATIVES IN GERMANY
在德国扩大氢和氢衍生物的生产

The NWR supports raising the national expansion target for electrolysis capacities to at least 10 GW by 2030. To date, the funding regime has been predominantly geared towards stimulating hydrogen production and imports on the demand side. The NWR is of the view that the projects mentioned in the National Hydrogen Strategy (pie chart on page 7 of the updated Strategy) should be quickly and reliably backed up with concrete measures and funding initiatives on the supply side in the initial and market development phase. On the one hand, there are still regulatory obstacles and thus uncertainties as to whether, in particular, the expansion of wind energy at sea and electrolysis capacities at sea and on land will be implemented quickly enough. These obstacles must be reduced or removed altogether. On the other hand, reliance is being placed on the effect of demand-oriented instruments in the development of electrolysis capacities, which must be adequate. There could also be capacity overlaps here with the IPCEI projects or other electrolysis funding on the supply side.

德国国家氢委员会支持到 2030 年将电解水制氢产能的国家扩张目标提升到至少 10GW。迄今为止，资金机制主要为了刺激需求侧的氢生产和进口。德国国家氢委员会认为，在初始和市场开发阶段，《国家氢战略》（更新版战略第 7 页饼图）中提到的项目应在供应侧迅速可靠地采取具体措施和资金举措。一方面，在监管方面仍存在障碍，因此不确定海上风能和海上及陆上电解能力是否能够快速实施。这些障碍必须减少或完全消除。另一方面，依靠以需求为导向工具在发展电解水制氢能力的过程中，电解能力必须足够。在这方面，也可能与欧洲共同利益重要项目（IPCEI）或供应侧的其它电解资金重叠。

Especially in the market ramp-up phase, there is conflict between system compatibility (in the broad sense with a view to the overall energy system), cost-effectiveness and the location of hydrogen production. When it comes to supplying industry, the construction of electrolysers at industrial locations is also important, especially in the ramp-up phase, if connection to hydrogen infrastructures is only possible with a long delay. Domestic electrolysis capacities amounting to 10 GW by 2030 are of enormous importance, both in terms of the industrial policy dimension (see NZIA) and with regard to the climate policy objective. However, this expansion should not be subject to regional restrictions at the national level (spatial correlation), if and for as long as there is no access to pipeline-bound hydrogen.

特别是在市场增长阶段，系统兼容性（从广义上讲，从整个能源系统角度来看）、成本效益和氢生产地点之间存在冲突。当涉及工业供应时，尤其是在市场增长阶段，如果与氢气基础设施的连接需要很长时间才能实现的话，在工业地点建造电解槽制氢也很重要。到 2030 年，德国电解能力将达到 10GW，这对《工业净零法案》（NZIA）中的工业政策和气候政策目标都具有重大意义。然而，如果只要在没有接入管道氢的情况下，这种扩张就不应受到国家层面的区域限制。

IMPORTING HYDROGEN AND HYDROGEN DERIVATIVES
氢和氢衍生物的进口

In addition to the domestic production of hydrogen and its derivatives, the updated National Hydrogen Strategy together with the import strategy sets another point of focus in ensuring sufficient availability, which is logical and welcomed by the NWR. In this regard, given the global dynamics, the NWR would point out that Germany should seek timely partnerships in a European context and with its neighbouring countries as well as at the global level with respect to the import of hydrogen and its derivatives. This should also be done in compliance with sustainability criteria, as proposed by the Hydrogen Council in its position paper1. This requires a clear and robust commitment to these long-term energy partnerships in order to establish a diversified and competitive import portfolio in the interest of both sides.

除了在国内生产氢及其衍生物外，更新的国家氢战略和进口战略还确定了另一个重点，进口以确保足够的供应，这是合乎逻辑的，并受到了德国国家氢委员会的认可。在这方面，考虑到全球动态，德国国家氢委员会指出，德国应在欧洲范围内、与邻国以及在全球范围内就氢及其衍生物的进口及时寻求合作伙伴关系。正如氢理事会在其立场文件中所建议的那样，这也应符合可持续性标准。这就需要对那些长期能源伙伴关系做出明确而坚定的承诺，以建立一个符合双方利益的多样化和有竞争力的进口组合。

As announced, the import strategy is still to be finalised and adopted in 2023. The aim should be to establish a sustainable, resilient and cost－effective supply of hydrogen and its derivatives through strategic partnerships and an international market that is to be supported. With regard to derivatives, it is also necessary to bear carbon in mind as a raw material, which is needed for the conversion of cli－mate－neutral hydrogen into methanol, for example. Imports of hydrogen and its derivatives should be geared towards the criteria of resilience, scalability, sustainability, the establishment of different import corridors (global gateways) and networking with regional hubs. The strategic hydrogen partnerships are, on the one hand, sustainable and long－term technology and development partnerships on an equal footing. Therefore, civil society in partner countries should be consulted as early as possible in the development of the import strategy. The welcome comprehensive sustainability criteria of H$_2$Global should continue to be pursued as a decisive evaluation factor in tenders and the corresponding consideration should be made transparent and comprehensible as well as regularly evaluated.

正如所宣布的，进口战略仍有待最终确定并在 2023 年通过。目标应该是通过战略伙伴关系和国际市场的支持，建立一个可持续、有弹性和费效比好的氢及其衍生物供应体系。关于衍生物，还必须考虑到碳作为一种原材料，例如，将气候中性的氢转化为甲醇就需要碳。氢及其衍生物的进口应符合弹性、可扩展性、可持续性的标准，建立不同的进口走廊（全球门户），并与区域枢纽联网。氢战略伙伴关系一方面是可持续的长期技术和发展伙伴关系，另一方面是平等的伙伴关系。因此，在制定进口战略时，应尽早征求伙伴国民间社会的意见。受欢迎的氢全球化（H$_2$Global）全面可持续性标准应继续作为投标中的决定性评估因素，相应的考虑应透明、易懂并定期评估。

On the other hand, these partnerships must be geared towards the development of a global hydrogen and derivatives market as well as the implementation of the associated key technologies. Broad diversification will only occur in line with a functioning international market. This requires suitable and robust instruments to secure long–term supply contracts, especially for the market ramp–up phase. Without risks being hedged on the supply side, there can be no liquid hydrogen market that reflects European and German interests in fair balance with partner countries. The German government should work towards the development of a global market with sustainable, transparent and internationally compatible rules and criteria. These rules and criteria should be based on European legislation, but should not impose higher requirements on export regions that could inhibit a global market. The German (supplier) industry and its technologies should also be taken into account when drafting contracts. This also supports the vision of 'Germany as a lead market for hydrogen technologies' at international level. This aspect should also be underpinned by suitable funding instruments.

另一方面，这些伙伴关系必须着眼于发展全球氢及其衍生品市场的发展，以及相关关键技术的实施。只有在国际市场正常运作的情况下才能实现广泛的多样化。这就需要有合适而稳健的手段来确保长期供应合同，特别是在市场启动阶段。没有供应方的风险对冲，就不可能有反映欧洲和德国与伙伴国公平平衡利益的液氢市场。德国政府应致力于发展一个具有可持续、透明和国际兼容规则和标准的全球市场。这些规则和标准应基于欧洲立法，但不应对出口地区提出更高的要求，以免阻碍全球市场的发展。在起草合同时，还应考虑德国（供应商）工业及其技术。这也支持了在国际层面实现"德国作为氢技术领导市场"的愿景。这方面还应该有适当的融资工具来支持。

The NWR also recommends that the German government establish uniform organisational and systemic management for the development of these international partnerships – including clear targets[1].

德国国家氢委员会还建议德国政府为这些国际伙伴关系的发展构建统一的组织和系统管理体系——包括明确的目标。

With the welcome parallel focus on the import of hydrogen and its derivatives, existing logistics chains for derivatives can be built upon and further expanded. Hydrogen imports via pipelines from other EU Member States and strategic neighbours should be agreed in a timely manner. For the purposes of a rapid ramp-up and increased European cooperation, collaborations in the North Sea and Baltic Sea regions in particular, but also in the Mediterranean region on land and at sea, should be underpinned by clear measures to realise the import corridors. Joint declarations and agreements made must be brought to fruition promptly in order to strengthen confidence in a European and international ramp-up. This also means that the necessary hydrogen technologies are available and the associated value chains are complete and scalable.

由于对氢及其衍生物进口的关注，现有的衍生物物流链可

---

① NWR Position Paper on sustainability criteria for import projects for renewable hydrogen and PtX products, 29 October 2021. 关于可再生氢和电转 X（PtX）产品进口项目可持续性标准的德国国家氢委员会立场文件，2021 年 10 月 29 日。

以进一步发展扩大。应及时商定通过管道从其他欧盟成员国和战略邻国进口氢。为实现快速增长和加强欧洲合作的目的，特别是在北海和波罗的海地区，以及地中海地区的陆地和海上合作，应采取明确措施来实现进口走廊。必须迅速落实联合声明和协议，以增强欧洲和国际社会对加快发展的信心。这也意味着必要的氢技术是可行的并且相关价值链是完整且可扩展的。

DEVELOPING AN EFFICIENT HYDROGEN INFRASTRUCTURE
开发有效的氢基础设施

The NWR expressly welcomes the objective set out by the German government for the development of a privately organised, efficient hydrogen infrastructure that encompasses all areas relevant to the development of the hydrogen economy. The rapid development of efficient hydrogen infrastructure is a prerequisite for a rapid ramp-up of the hydrogen economy. It is a prerequisite for establishing a liquid hydrogen market as a contribution to meeting climate protection targets, ensuring security of supply and as a contribution to a resilient and diversified energy supply. This includes all infrastructure areas and supply chains for hydrogen and its derivatives: pipelines, storage facilities, ports, railways, rivers, roads and refuelling infrastructure. This requires strategic planning based on the precautionary principle, which is geared towards the production and import clusters to be expected in the long term and to the needs of industry, industrial SMEs, the electricity, transport and heat sectors.

德国国家氢委员会明确欢迎德国政府制定的开发私人组织的高效氢基础设施的目标，该目标涵盖了与氢经济发展相关的所有领域。高效氢基础设施的快速发展是氢经济快速增长的先决条件。这也是建立液氢市场的先决条件，有助于实现气候保护目标，确保供应安全，并促进能源供应的弹性和多样化。这包括氢及其衍生物的所有基础设施领域和供应链：管道、存储设施、港口、铁路、内河航运、公路和加注基础设施。这需要基于预防原则的战略规划，该规划应着眼于长期预期的生产和进口集群，以及工业、工业中小型工业企业、电力、运输和供热部门的需求。

The NWR expressly supports the mandate issued by the German government to the transmission system operators to develop a supra-regional core network, taking into account the necessary complementary distribution networks. The core network, which according to current plans will cover around 11,200 kilometres, is the first real step towards a rapid and cost-efficient expansion of Germany-wide hydrogen infrastructure, in which European integration and imports from third countries are considered from the outset. However, in order to quickly connect the relevant consumers and ensure a pipeline-based supply of hydrogen in all sectors, the NWR believes that the core network must be accompanied by timely planning for regional distribution networks. This includes, in particular, high-pressure pipelines that are designed for regional transport and regional distribution due to their dimensioning and planning-based supply task. Such pipelines also connect generators and storage facilities and supply industrial customers and future hydrogen power plants.

德国国家氢委员会明确支持德国政府向管网系统运营商下达的开发超区域核心网络的任务，同时考虑到必要的补充输送网络。根据目前的计划，该核心网络将覆盖约11200公里，这是德国范围内氢基础设施快速、经济高效扩张的第一步，这个计划从一开始就考虑了欧洲一体化和从第三国进口氢的问题。然而，为了快速连接用户端并确保所有行业都有基于管道的氢供应，德国国家氢能委员会认为，在建立核心网络的同时，还必须及时规划区域输送网络。特别包括了因其尺寸和基于规划的供应任务而设计的用于区域运输和区域分布的高压管道。这些管道还连接着发电和存储设施，并供应给工业客户和未来的氢能发电厂。

In addition to hydrogen infrastructure design in terms of network planning, its financing is an essential prerequisite. With the concept of an amortisation account fit for the capital markets, the ramp-up of the hydrogen pipeline infrastructure can be designed in such a way that prohibitive network fees for the first customers can be avoided and sufficient liquidity for companies can be ensured. Nevertheless, the NWR suggests that the combination of the amortisation account model with other forms of financing be further examined. In addition, this should not result in any disadvantageous financing, network tariff or network access conditions for downstream distribution networks.

除了管网规划方面进行氢基础设施设计之外，融资也是一个重要的先决条件。有了适合资本市场的摊销账户概念，氢管道基础设施的扩建设计就可以避免第一批客户支付过高的网络费用，并确保公司有足够的流动资金。不过，德国国家氢委员会建议进一步研究摊销账户模式与其它融资形式的结合。此外，这不应导致对下游输送网络造成任何不利融资、网络收费或网络接入条件。

For the efficient repurposing of existing gas network infrastructure, it must be ensured at European level that the unbundling regulations for hydrogen network operators are designed analogously to those for gas network operators. The regional networks will play an essential role alongside the transport networks. Legal certainty is needed for the transition from the gas to the hydrogen network or for the decommissioning of gas networks.

为了有效地重新利用现有的天然气网络基础设施，必须确保在欧洲层面上氢气网络运营商的分类规定与天然气网络运营商类似。区域输送网络将与主干网络一起发挥重要作用，从天然气网络过渡到氢气网络或天然气网络的退役都需要法律确定性。

Embedding the national hydrogen infrastructure in an efficient European hydrogen backbone network is elementary for the necessary import of hydrogen from Europe and neighbouring regions, complemented by the necessary infrastructure for imports of hydrogen and its derivatives from third countries. This ensures Germany's and Europe's access to the emerging world market for hydrogen and its derivatives. In order to accelerate the expansion of the import infrastructure via LNG terminals and at the same time avoid stranded assets, the ability to repurpose infrastructure for hydrogen or its derivatives should be made mandatory in the regulatory framework. Both of these aspects together form the basis for the expansion of international supply and value chains, the diversified procurement of hydrogen and its derivatives as well as the expansion of procurement portfolios on cost-effective terms.

将国家氢基础设施嵌入一个高效的欧洲氢骨干网络，从欧洲和邻近地区进口氢的必要条件，同时还要辅以从第三国进口氢及其衍生物的必要基础设施。这确保了德国和欧洲能够进入新兴世界氢及其衍生物市场。为了加快通过液化天然气接收站扩大进口基础设施，同时避免资产闲置，应在监管框架中强制规定将基础设施重新用于氢或其衍生物。这两方面共同构成了扩大国际供应链和价值链、多元化采购氢及其衍生物以及以具有成本效益的条件奠定采购组合的基础。

However, in order to ensure security of supply in good time, robust framework conditions and planning for the conversion and expansion of suitable storage capacities are also required. Furthermore, the NWR urgently recommends that these requirements for the creation of necessary infrastructure investments from ports to long-distance and distribution networks through to the necessary storage capacities-beyond the positions already mentioned in the strategy paper of the German government-be included directly, even if the implementation priorities are more at home in the 2030 + time horizon. The NWR also points out that the design of hydrogen infrastructures beyond pipelines or import infrastructures needs to be urgently considered, especially with regard to hubs for the use of hydrogen and its derivatives in mobility.

然而，为了尽早确保供应安全，对于转换和扩大适当的存储能力，还需要强有力的框架条件和规划。此外，即使在2030年以后的时间内实施优先事项更为重要，德国国家氢委员会紧急建议，直接纳入从港口到长途和输送网络，再到德国政府战略文件中提到的位置之外的必要存储容量的必要基础设施投资。德国国家氢委员会还指出，除了管道或进口基础设施之外，氢基础设施的设计也亟待考虑，尤其是对于在移动领域（交通运输）氢及其衍生物的应用中心。

ESTABLISH HYDROGEN APPLICATIONS AND VALUE CHAINS
建立氢应用和价值链

Alongside renewable electricity, hydrogen and its derivatives are an essential decarbonisation option. For individual sectors of the economy, hydrogen and its derivatives are even the only path to climate neutrality. Therefore, the transformation towards climate-neutral production, the international competitiveness of German industry and of industrial SMEs depend on the sufficient availability of hydrogen and its derivatives on competitive terms. The NWR is of the view that this should have been anchored in the updated National Hydrogen Strategy to a sufficient extent beyond 2030 without creating usage rivalry. Here too, it is only with robust future perspectives for 2030+ that a good foundation for the necessary and substantial investments in industry and SMEs can be created and established.

除了可再生电力之外，氢及其衍生物也是一种重要的脱碳选择。对个别经济行业，氢及其衍生物甚至是实现气候中性的唯一途径。因此，面向气候中性生产的转型，德国工业和中小型企业的国际竞争力都取决于氢及其衍生物在竞争条件下的充足供应。德国国家氢委员会认为，2030 年之后在很大程度上应该根植于更新的《国家氢战略》而不会造成使用竞争。同样，只有对 2030 年以后的未来有了强有力的展望，才能为工业和中小型企业的必要和大量投资奠定良好的基础。

INDUSTRY
工业

For German industry and industrial SMEs to retain international competitiveness, it is necessary to create a coherent framework for funding and action and to avoid and remove regulatory barriers in order to stimulate the market ramp-up along the entire value chain and across the different market roles. The availability of hydrogen must be reliably ensured, especially in the area of industrial applications, where considerable investments are already to be made in hydrogen-based production technologies. The NWR is of the view that it should be the aim, with carbon contracts for difference in particular, to make innovative funding instruments available promptly and also on a broad basis to those industrial sectors that have a special role as demand anchors for the hydrogen ramp-up. The desired dovetailing of the funding systems is of central importance here in order to hedge various investment risks. In addition, the conclusion of long-term procurement contracts should be made possible through hedging instruments and the development of green lead markets should begin now in order to replace start-up financing going forward in a timely manner. As a first step, a green steel labelling scheme should be introduced as early as 2024 and used as a basis for guiding public procurement and green product tenders.

德国工业和中小企业要保持国际竞争力，就必须建立一个连贯的融资和行动框架来避免和消除监管障碍，以刺激整个产业链和不同市场角色的市场增长。氢的供应必须得到可靠的保证，特别是在对氢基生产技术进行了大量投资的工业应用领域。德国国家氢委员会认为，目标是使创新融资工具能够迅速、广泛地提供给那些在氢需求增长中扮演特殊角色的工业部门，特别是碳差价合约。为了对冲各种风险，资金系统的理想衔接在此至关重要。此外，应通过套期保值工具签订长期采购合同，并且应立即发展绿色指引市场，以便及时替代未来的启动资金。作为第一步，应最早在 2024 年引入绿色钢铁标签计划，并将其作为指导公共采购和绿色产品招标的基础。

MANUFACTURER AND SUPPLIER INDUSTRY
制造商和供应商行业

Of crucial importance is the development of a broad manufacturer and supplier industry across the entire hydrogen value chain, from individual components and subsystems to complete system technologies such as electrolysis systems, but also adapted electrical engineering. This is the only way to ensure competitiveness and sufficient independence. At the same time, this opens up considerable "once-in-a-generation" opportunities for the transformation of German and European industry towards new technologies. This also goes hand in hand with the indispensable economic safeguarding of the development of the hydrogen economy as well as the preservation of jobs and social stability.

至关重要的是，在整个氢产业链中发展广泛的制造商和供应商产业，从单个组件和子系统到完整的系统技术，如电解水制氢系统，以及相适配的电气系统。这是确保竞争力和充分独立性的唯一途径。同时，这也为德国和欧洲工业向新技术转型提供了大量"千载难逢"的机遇。同时，这也是发展氢经济不可或缺的经济保障，还能同时保障就业和社会稳定。

The traditional areas of expertise of German industry, in particular mass production of the highest precision and continuous, technology-leading further development, provide the perfect setting for the industrialisation of hydrogen technology, which is essential for cost and scaling reasons.

德国工业的传统专业领域，特别是最高精度的大规模生产和持续、技术领先的进一步发展，为氢技术的工业化提供了完美的环境，这对于成本和规模化至关重要。

In addition, the establishment of independent electrolyser test centres is relevant, for example, to support the market ramp-up and technological progress. The NWR underlines the importance of hydrogen for industry and technology policy. In this respect, the supplier industry needs transparency and guidance about concrete applications as well as interlinking with application-oriented research.

此外，例如建立独立的电解槽测试中心对支持市场发展和技术进步是相关的。德国国家氢委员会强调了氢对工业和技术政策的重要性。在这方面，供应商行业需要关于具体应用的指导，以及与应用导向研究的衔接。

MOBILITY
移动设备（交通运输）

The NWR welcomes the German government's statements on the role and importance of hydrogen and its derivatives in transport. Due to its current cost structure, the transport sector-especially transport by air and by sea and some aspects of road freight transport-is suitable in the NWR's view as an entry market for establishing a hydrogen value chain in Germany that has a target of up to 1 million tonnes（or 32 TWh）of largely climate-neutral hydrogen by 2030. As a key driver of the transformation，the NWR once again underlines the German government's commitment to CO_2 pricing as a leading instrument in the 2030 objective and advocates a significantly increased level of ambition. The NWR has already spoken out elsewhere in favour of the introduction of sub-quotas under RED Ⅱ for renewable fuels of non-biogenic origin and sees this as a suitable instrument for focusing on the respective targets to be achieved and releasing additional funds for placing hydrogen on the market. Against the background of significantly higher ambition levels for CO_2 reduction targets，however，it must be examined whether these quotas should be drastically tightened again in order to accompany the broad development of the hydrogen infrastructure that is indispensable for decarbonisation.

国家氢委员会欢迎德国政府关于氢及其衍生物在运输中的作用和重要性的声明。由于目前的成本结构，运输部门尤其是空运、海运以及某些方面的公路货运，国家氢委员会认为其适合作为在德国建立氢产业链的切入市场，其目标是到 2030 年实现气候中性氢产能达到 100 万吨（或 32TWh）。作为转型的关键驱动力，国家氢委员会再次强调德国政府承诺将二氧化碳定价作为实现这一目标的主要手段，并主张大幅提高目标水平。国家氢委员会已在其他场合表示支持在《欧盟可再生能源指令（修订版）》（RED Ⅱ）中为非生物质来源的可再生燃料引入子配额，并认为这是一个合适的工具，可以集中精力实现各自的目标，并为氢投放市场释放额外的资金。然而，在二氧化碳减排目标大幅提高的背景下，必须研究是否再次大幅收紧这些配额，以配合脱碳不可或缺的氢基础设施的发展。

In addition to the import of derivatives such as ammonia and methanol as well as gaseous hydrogen via pipeline, the NWR recommends that import and distribution routes for liquid hydrogen (LH$_2$) also be considered. Comparable to Japanese hydrogen import activities, liquid hydrogen can be efficiently transported in liquid form and then distributed within Germany. The NWR recommends that the German government promote this import route and support the development of a corresponding infrastructure. At the same time, this would underline the, in part, leading role of German industry in the field of liquid hydrogen.

除了进口氨和甲醇等衍生物以及通过管道进口气态氢之外，国家氢委员会还建议考虑液态氢（LH$_2$）的进口和运输路线。与日本的氢进口行为类似，液氢可以以液态形式高效运输，然后在德国境内分销。国家氢委员会建议德国政府推广这一进口路线，并支持相应的基础设施建设。同时，这将在一定程度上凸显德国工业在液氢领域的领先地位。

The German government should likewise, going beyond the obligations of the Alternative Fuels Infrastructure Regulation (AFIR), promote the expansion of the hydrogen infrastructure for different applications (35 MPa, 70 MPa, LH2). In order to move towards concrete implementation, the NWR advocates funding for fully integrated pilot projects along the value chain in road and rail transport and a reduction of corresponding obstacles relating to requirements and permits. The commitment to electricity-based power-to-liquid fuels and fuel cell-based powertrains for air transport should be accompanied in the future by corresponding demonstration programmes.

The Master Plan for Hydrogen and Fuel Cell Technology in Transport that has been announced is seen as a suitable means of breaking down and efficiently structuring the corresponding steps for action against the background of the national climate targets and the initial situation in the transport sector.

同样，德国政府在履行《可替代燃料基础设施条例》（AFIR）规定的义务之外，还应促进氢基础设施在不同应用领域（35MPa、70MPa、液态氢）的发展。为了推进具体实施，国家氢委员会主张为公路和铁路运输价值链上的全面综合试点项目提供资金，并减少与要求和许可有关的障碍。未来，在承诺为航空运输提供以电力为基础的液态燃料和以燃料电池为基础的动力系统的同时，还应开展相应的示范计划。已宣布的《氢和燃料电池技术在运输中的应用总体规划》被视为在国家气候目标和运输部门初始情况的背景下，分解和有效安排相应行动步骤的适当手段。

ELECTRICITY
电力

Hydrogen will play an important role in the climate – neutral safeguarding and resilience of the electricity supply. The NWR therefore welcomes and emphasises the fact that certainty and clarity surrounding EEG tenders and tenders for H_2 – ready power plants will be created this year （2023） within the framework of the Power Plant Strategy 2023 and that clarity surrounding the capacity markets is to be brought about promptly. The hydrogen demand assumed in the National Hydrogen Strategy is considered to be too low.

氢将在气候中立保障和电力供应弹性方面扮演重要角色。

因此，国家氢委员会欢迎并强调，今年（2023 年）将在《2023 年发电厂战略》的框架内就明确围绕可再生能源法（EEG）招标和将天然气发电厂转为氢（H_2-ready）发电厂的招标建立确定性并迅速明确产能市场。国家氢战略中的氢需求量被认为过低了。

HEAT（BUILDINGS SECTOR）
供热（建筑部门）

The results of the "Bottom-up study on path options for an efficient and socially acceptable decarbonisation of the heating sector" carried out by the Fraunhofer Institutes ISE and IEE show, just like the very controversial discussions on the German Buildings Energy Act（Gebäudeenergiegesetz, GEG）, the complexity of the heating market and the need for local consideration and analysis when choosing an efficient decarbonisation path. Therefore, the NWR supports municipal heat planning as a crucial planning instrument for the heat transition, but recommends a more timely implementation in order to provide realistic opportunities for expansion when it comes to integrated network planning（electricity, heating networks, gas/hydrogen）. It is only against the background of the scaling up that it would then be possible to come to reliable conclusions about the role of hydrogen with regard to users in today's heating market. The NWR is of the view that all technology options-heat pumps, heating networks, renewable heat and hydrogen-are needed for a successful heat transition. The results of the study also show that even with higher hydrogen prices, supply percentages in district and local heating of up to 40 per cent hydrogen are cost-optimal. Thus, all technologies should be anchored as equally possible compliance options under the German Buildings Energy Act（GEG）and be taken into account in the expansion of the infrastructure. Consequently, the network-based supply of climate-neutral hydrogen via the hydrogen backbone and downstream hydrogen infrastructures to the relevant consumers in the supply areas is an important building block for achieving medium-term and long-term climate goals in the heating market. The NWR therefore welcomes the fact that the use of hydrogen boilers or hydrogen CHP systems can be a technology option in buildings where there is no heating network and where heat pumps cannot be operated efficiently. Also welcome is the fact that in establishing hydrogen applications for the 2030 objective, the repurposing of gas distribution networks to hydrogen and the use of decentralised hydrogen boilers is also to be legally and technically possible. This is not least a matter of maintaining full coherence with the GEG, the forthcoming German Heat Planning Act（Wärmeplanungsgesetz, WPG）and the designation of gas network sub-areas as "hydrogen network development areas" envisaged in the legislation. In this context, coherence refers to both the end uses for hydrogen and the transformation of infrastructures（also in terms of their planning, approval as well as the monitoring and consequences of deviations from the schedule within the meaning of Section 71k GEG, which is still to be adopted）.

弗劳恩霍夫太阳能（ISE）研究所和国际电气工程师学会（IEE）开展的"自下而上研究供暖行业高效且社会可接受的脱碳路径选择"的结果表明，就像关于《德国建筑能源法》（GEG）极具争议性的讨论一样，供热市场非常复杂，在选择高效的去碳化路径时，需要因地制宜地考虑和分析。因此，国家氢委员会支持将市政供热规划作为供热转型的重要规划手段，但建议更及时地实施，以便在涉及综合网络规划（电力、供热网络、天然气/氢气）时提供现实的扩展机会。只有在扩大规模的背景下，才有可能就氢在当今供热市场中对用户的作用得出可靠的结论。国家氢委员会认为，要实现成功的供热转型，需要考虑所有的技术选择，包括热泵、供热网络、可再生能源和氢气。研究结果还表明，即使氢价格较高，区域和本地供热中氢的供应比例达到40%也是成本最优的。因此，所有技术都应作为《德国建筑能源法》（GEG）规定下同等可能的合规选项，并在基础设施扩建时予以考虑。因此，通过氢骨干网和下游氢基础设施向供应地区的相关用户提供气候中性供应，是实现供热市场中长期气候目标的重要基石。因此，在没有供热网络和热泵无法有效运行的建筑物中，使用氢锅炉或氢热电联产系统可以作为一种技术选择，国家氢委员会对此表示认同。同样值得认同的是，在确定2030年目标的氢应用时，将天然气配网重新用于氢气和使用分散式氢气锅炉在法律和技术上也是可行的。这不仅需要与《德国能源法案》、即将颁布的《德国供热规划法》（Wärmeplanungsgesetz，WPG）保持完全一致，还需要在法律中将天然气网络子区域指定为"氢气网络开发区域"。在这种情况下，一致性既指氢的最终用途，也指基础设施的改造（还包括其规划、审批以及监测和《德国能源法》第71k条所指的偏离时间表的后果，该条仍有待通过）。

CREATE EFFECTIVE FRAMEWORK CONDITIONS
创造有效的框架条件

In order to achieve the objective underpinning the updated National Hydrogen Strategy, the creation of central framework conditions for the ramping up of the hydrogen economy is essential.

为了实现更新后的《国家氢战略》的基本目标，必须为加快氢经济的发展创造核心框架条件。

PLANNING AND APPROVAL PROCEDURES
规划和审批程序

For the expansion of the hydrogen production, transport, storage and import infrastructure, the construction of such plants or infrastructures needs to be accelerated. For this reason, the NWR welcomes the simplification and acceleration of the construction of plants and infrastructures as well as the reduction of regulatory barriers planned by the German government. In particular, in order to remain competitive in the face of emerging international competition, significant simplifications of these procedures are essential. The Planned Hydrogen Acceleration Act shouldas announced in the updated Strategybe implemented by the legislature this year. This necessary acceleration must not, however, lower environmental standards. In addition, the NWR recommends involving citizens and associations at an early stage for the sake of acceptance and success.

为了增加氢生产、运输、储存和进口基础设施，需要加快建设这些工厂或基础设施。为此，国家氢委员会赞同德国政府计划简化和加快工厂和基础设施的建设，并减少监管障碍。特别是，为了在新兴的国际竞争中保持竞争力，必须大幅简化这些程序。正如最新战略中所宣布的那样，计划中的《氢加速法》，应在今年（指 2023 年）由立法机构颁布实施。但是，这种必要的加速不得降低环境标准。此外，为了获得认可和成功，国家氢委员会建议在早期阶段就让公民和社会团体参与进来。

SUSTAINABILITY STANDARDS AND CERTIFICATION
可持续性标准和认证

The NWR is of the view that the rapid market ramp-up of hydrogen urgently requires legally effective and, wherever possible, uniform sustainability standards and certification systems for hydrogen and its derivatives in the EU that are internationally compatible. In general, it should be noted that there is no objective for working towards an established market or the market phases necessary for this. Therefore, in addition to the objective through to 2030, future perspectives until at least 2035 should be in place and the essential market parameters (such as electrolysis capacity, demand) through to this point in time should be laid down. By the end of 2030, simplified regulations based on the Taxonomy Regulation should apply in a quick-start phase (for the hydrogen ramp-up and the desired learning effects). Going forward, the certification requirements for new plants should be increased accordingly only in the market penetration phase from 2030 onwards. These will be adapted to the progress of the hydrogen ramp-up in the medium term in the second half of the 2020s.

国家氢委员会认为，欧盟氢市场的快速增长迫切需要对氢及其衍生物的有法律效力的、统一可持续性标准和认证体系，并尽可能地与国际接轨。总体来说，应该注意的是，并没有设定建立成熟市场或为此所需的市场阶段的目标。因此，除了到

2030 年的目标之外，还应该制定至少到 2035 年的未来展望，并确定到这个时间点的基本市场参数（如电解水制氢能力、需求）。到 2030 年底，基于《分类条例》的简化规定应适用于快速启动阶段（用于氢上升和预期效果）。今后，只有在 2030 年以后的市场渗透阶段，新工厂的认证要求才会相应提高。这些要求将在 2020 年代后半期的中期内根据氢发展的进展情况进行调整。

STRENGTHEN RESEARCH, INNOVATION AND TRAINING OF SKILLED WORKERS
加强研究、创新和技术工人培训

It is also imperative to obtain legal certainty as soon as possible with regard to the planned European REACH framework for the use of essential materials in the hydrogen sector. In this respect, the express intention of the German government and the NWR is to monitor this process in parallel.

此外，还必须尽快获得与计划中的欧洲化学品注册、评估、许可和限制法规（REACH）框架有关的法律确定性，以便在氢领域使用必要材料。在这方面，德国政府和国家氢委员会的意图是同时监控这一进程。

The NWR agrees with the importance of both research and development and the availability of skilled labour for the development of the global hydrogen economy. The objective and achievement of hydrogen lead projects such as H_2Giga, H_2Mare and TransHyDE should gain greater strategic visibility. In order to ensure a transparent role for science in accompanying the market ramp-up, it is necessary to classify the projects when defining market rules in the emerging market. In order for Germany to maintain its current position among the international competition for innovations and skilled workers, research and development (R&D) activities must focus on the topics that have already been prioritised and that promote industrial implementation. The NWR has already provided indications in this respect with its analyses of sector-specific R&D needs.

国家氢委员会赞同研发活动和充足的熟练劳动力对全球氢经济发展的重要性。诸如大规模电解槽的批量生产（H_2Giga）、海上制氢（H_2Mare）和氢运输技术（TransHyDE）等氢引领项目的目标和成果应获得更高的战略知名度。为了确保科技在伴随市场增长中发挥透明作用，有必要在制定新兴市场的市场规则时对项目进行分类。为了使德国在创新和技术工人的国际竞争中保持现有地位，研发活动必须侧重在已被列为优先事项并能促进产业实施的课题上。在这方面，国家氢委员会已经为对特定行业研发需求的分析提供指导。

It is necessary to promote the transfer from research projects through to technologies, to the industrial production of hydrogen systems and to the performance enhancement of material concepts, taking into account safety aspects as well as resource efficiency. At the same time, quickly realised pilot and reference projects that are based on technologies boasting great potential to increase economic efficiency and scalability and are carried out on an industrial scale, are both necessary and of vital importance. This requires concrete and quickly accessible funding opportunities as well as swiftly implemented approval procedures, for example for pilot and test plants.

有必要促进从研究项目到技术、氢系统的工业生产和材料概念的性能提升的转移，同时考虑到安全方面和资源效率。与此同时，对于具有提高经济效率巨大潜力的、可扩展性的以及在工业规模上实施的技术，快速实现试点和参考项目是必要的，也是至关重要的。这需要有具体和可迅速获得的融资机会，以及迅速实施的审批程序，例如示范和试验工厂的审批程序。

In parallel to this, the necessary skilled workers must be rigorously trained—both at university level and in the area of vocational education and training. The NWR recommends maintaining an overview of the requirements and implementation measures in close collaboration with the chambers of industry, commerce and skilled crafts, and guaranteeing uniform standards and that all issues, be they technological or of another nature, are holistically covered.

与此同时，必须同时在大学、职业教育与培训领域严格培训必要的技能职工。国家氢委员会建议与工商会和熟练技工协会密切合作，保持对需求和实施措施的全面了解，并确保标准统一且全面涵盖所有问题，无论是技术还是其它问题。

CLOSING REMARK
结束语

This statement was issued at very short notice after the Strategy update. The National Hydrogen Council appointed by the German government is prepared to participate intensively with its expertise in the further implementation and development of the National Hydrogen Strategy.

本声明是在战略更新后很短时间内发布的。由德国政府任命的国家氢委员会准备，凭借其专业知识积极参与《国家氢战略》的进一步实施和发展。

THE GERMAN NATIONAL HYDROGEN COUNCIL
德国国家氢委员会

On 10 June 2020, the German Federal Government adopted the National Hydrogen Strategy and appointed the German National Hydrogen Council. The Council consists of 26 high-ranking experts in the fields of economy, science and civil society. These experts are not part of public administration. The members of the National Hydrogen Council are experts in the fields of production, research and innovation, industrial decarbonisation, transportation and buildings/heating, infrastructure, international partnerships as well as climate and sustainability. The National Hydrogen Council is chaired by former Parliamentary State Secretary Katherina Reiche.

2020 年 6 月 10 日，德国联邦政府通过了《国家氢战略》，并成立了德国国家氢委员会。该委员会由经济、科学和民间社会领域的 26 名高级专家组成。这些专家不属于公共行政部门。国家氢委员会的成员是生产、研究和创新、工业脱碳、交通和建筑/供热、基础设施、国际伙伴关系以及气候和可持续发展领域的专家。国家氢委员会由前议会国务秘书凯瑟琳娜-雷切（Katherina Reiche）担任主席。

The task of the National Hydrogen Council is to advise and support the State Secretary's Committee for Hydrogen with proposals and recommendations for action in the implementation and further development of Germany's National Hydrogen Strategy.

国家氢委员会的任务是在实施和进一步发展德国《国家氢战略》的过程中，为国务秘书氢委员会提供建议和行动支持。

◆ Contact：info@ leitstelle-nws. de, www. wasserstoffrat. de/en

附录四　德国氢战略
（2020 年 6 月）

1　认识氢气的潜力并把握其机遇

能源转型——体现在可再生能源扩张和能源效率方面所做的努力和取得的成果——这是实现清洁、安全和可负担能源供应的基础，这对我们的生活至关重要。通过采用《2030 年气候行动计划》，联邦政府为实现 2030 年气候目标铺平了道路。其长期目标是根据《巴黎协定》商定的目标实现碳中和，该协定旨在将全球变暖幅度控制在远低于 2 摄氏度的水平，甚至控制在 1.5 摄氏度以下。此外，德国与其他欧洲成员国共同承诺到 2050 年实现温室气体中和。除了逐步淘汰燃煤发电（德国已就此做出相关决定），这还意味着防止排放那些特别难以减少的温室气体，如工业上的温室气体排放。

为了使能源转型取得成功，需要将供应安全、可负担性、环境兼容性、创新和明智的气候行动相结合。这意味着我们目前使用的化石燃料需要被替代能源所取代，尤其是对于气态和液态能源，它们将继续是德国能源供应的重要组成部分。在此背景下，氢气将在加强和完善能源转型中发挥关键作用。

- 氢气可用作能源，例如，它可用于燃料电池，推动氢动力交通，或作为生产合成燃料的手段。

- 氢气是一种能源储存介质，能够以供应为基础灵活地储存可再生能源，从而有助于平衡能源供需，这使得氢气成为能源转型的重要组成部分。

- 氢气在多部门耦合中发挥关键作用。在可再生电力无法直接使用的领域，绿色氢气及其衍生产品，为我们的能源供应脱碳开辟了新途径。

- 如今，许多化学和工业过程都依赖于氢气的使用，例如，它被用作生产氨的基础物质。目前用于此目的的灰氢将被绿氢所取代。此外，纯氢可用于目前尚无脱碳技术的工业进行脱碳。例如，为了实现生铁的温室气体零排放生产，氢气目前被认为是替代硬煤焦炭的最有前途的解决方案。

- 如果要长期消除工业部门的某些碳排放，如水泥行业的相关排放，氢气将是必不可少的。通过捕获工业上的碳排放并将其与氢气结合，可以生产有用的化学品（碳捕获和利用，CCU），并为基础化学工业开辟新的价值链。

为了使氢气成为我们脱碳战略的关键要素，需要审视整个价值链——从技术、生产、储存、基础设施到应用，包括物流和质量保证的重要方面。

为了使德国实现温室气体中和并履行其在《巴黎协定》下的国际义务，需要将氢气确立为一种脱碳选择。联邦政府认为从长远来看，只有使用可再生能源生产的氢气（绿色氢气）才是可持续的。因此，联邦政府寻求使用绿色氢气，推动其快速进入市场，并建立必要的价值链。联邦政府相信，未来十年内将出现全球和欧洲的氢气市场，无碳（如蓝色或蓝绿色）氢气将在该市场上交易。鉴于德国与欧洲能源供应基础设施的紧密融合，无碳氢气对德国具有重要意义，如有供应，将临时使用。

此外，氢气为产业政策创造了新的潜力，有助于德国和欧洲经济应对新冠疫情的影响。因此，《国家氢战略》也寻求利用由此带来的经济机遇。

联邦政府多年来一直意识到氢技术的潜力。2006～2016年，在国家氢和燃料电池技术创新计划下批准了约 7 亿欧元，2016～2026 年，将提供总计 14 亿资金。此外，联邦政府利用能源研究计划提供的财政资源，建立了卓越的研究格局。2020～2023 年，能源和气候基金将为绿色氢的实践导向基础研究提供 3.1 亿欧元，并计划在此期间再提供 2 亿欧元，加强以实践为导向的能源研究。此外，2020 年至 2023 年将提供 6 亿欧元，用于培育 "能源转型监管沙盒"（Regulatory Sandboxes for the Energy Transition），这有助于加速技术和创新从实验室到市场的转移，尤其是氢解决方案。作为德国脱碳计划的一部分，为使用氢气实现制造过程的脱碳和大规模工业设施投资提供资金。2020 年至 2023 年将为此提供超过 10 亿欧元。还有一些计划旨在促进制造业中氢气的使用，以及消除和利用基础材料行业的碳排放，以鼓励行业投资于氢解决方案。2020 年 6 月 3 日，联盟委员会通过了一项 "未来一揽子计划"，为加速德国氢技术的市场推广提供了另外 70 亿欧元，并为促进国际伙伴关系提供了 20 亿欧元。每个计划的具体可用金额取决于负责部门的预算估计。

预计从中长期来看，氢气需求将大幅增加。为了充分发挥氢技术的潜力，需要与私企共同采取下一步措施，加速该技术的推广。《国家氢战略》为私企在经济可行和可持续的氢气生产、运输和应用方面的投资提供了基础。

考虑到现状，仅靠德国自身生产能源转型所需的大量氢气是不太可能的，因为德国的可再生能源发电能力有限。这意味着德国将继续从国外进口大量能源。我们将促进和加强在氢气领域的国际合作与伙伴关系。

过去几年，氢气在欧洲和国际议程中的重要性日益凸显。2018 年 9 月，联邦政府与其它 27 个欧洲国家和欧盟委员会共同通过了一项欧洲氢倡议，并宣布氢技术和系统是具有战略利益的价值链。联邦政府将利用这一势头，在即将担任欧盟理事会主席期间，根据本战略中规定的原则，继续倡导氢技术。

相关部门将负责确保在现有预算和财务计划的基础上实施和资助这些措施。

2 国家氢战略——目标与雄心

通过提出《国家氢战略》，联邦政府为氢气的生产、运输和使用提供了一个连贯的框架，鼓励相关创新和投资。该战略列出了实现德国气候目标、为德国经济创造新价值链以及促进国际层面能源政策合作所需的步骤，特别侧重于以下目标。

2.1 承担全球责任

联邦政府认识到德国在全球减少温室气体排放方面的责任。通过发展氢市场并推广氢气作为脱碳选择，我国可以为全球缓解气候变化做出关键贡献。

2.2 使氢气成为具有竞争力的选择

当前的框架不允许以经济可行的方式生产和使用氢气。特别是化石燃料，由于其价格中不包括碳排放成本，仍然便宜得多。为了使氢气在经济上可行，我们需要继续降低氢技术的价格。为了推动技术进步和规模经济，并迅速获得一些初始部门转向新技术所需的临界氢气量，需要在全球范围内加速氢气的生产和使用。特别关注那些已经接近商业可行性、可以避免重大路径依赖或无法以其它方式脱碳的领域，如钢铁或化工行业的相关排放，或运输部门的某些部分。从长远来看，部分供热市场也将成为重点。

2.3　在德国发展氢技术国内市场，为进口氢气铺平道路

加速氢技术推广的第一步是在国内建立一个强大且可持续的氢气生产和应用市场。一个强大的国内市场将发出重要信号，鼓励其他国家也使用氢技术。德国将设计激励措施，以加速氢技术在德国的推广，特别是以与能源转型相兼容的方式建立和运营电解槽。

联邦政府预计，到 2030 年将需要 90~110TWh 的氢气。为了满足部分需求，德国计划建立高达 5 吉瓦的发电能力，包括为此所需的海上和陆上能源发电设施。这相当于 14TWh 的绿色氢气产量，将需要 20TWh 的可再生能源电力。需要确保电解槽产生的电力需求不会导致碳排放增加。联邦政府在《国家氢战略》中纳入了一个监测机制，将用于详细跟踪绿色氢气需求的发展。如果可能，将在 2035 年之前，最晚不晚于 2040 年，再增加 5 吉瓦的产能。

然而，国内绿色氢气的生产将不足以满足所有新需求，因此所需的大部分氢气将不得不进口。欧盟有多个地方正在大量生产可再生能源电力，这些地方为生产绿色氢气提供了巨大潜力。联邦政府将努力确保挖掘这一潜力，并进一步提升发电能力。为此，将加强与其他欧洲成员国的合作，特别是与北海和波罗的海沿岸国家的合作，以及与南欧国家的合作。海上风能的利用将发挥重要作用。联邦政府将与北海和波罗的海沿岸国家合作，通过建立可靠的海上风能监管框架来推动氢气生产。

它还旨在系统地开发其他伙伴国家的生产基地，作为发展合作的一部分。联邦政府力求为德国国内外的供应商、消费者和投资者提供提前规划的安全保障。

这将需要与相关伙伴国家合作开展投资和创新活动。联邦政府将利用其氢战略促进生产能力和新供应链的建立，并为我们的伙伴国家提供相关技术和有针对性的解决方案。这将促进德国和伙伴国家的就业，并为长期经济增长铺平道路。

《国家氢战略》行动计划以及当前的预算和财务估计是加速氢技术推广的基础。如果氢气需求的发展明显强于预期，《国家氢战略》将在评估过程中得到加强。

2.4　确立氢气作为其它能源的替代品

氢技术及其衍生的替代能源是能源转型的组成部分，有助于其成功推广。一些部门，如航空和海运，或过程相关排放不可避免的行业，即使从长远来看，也将不可能或非常难以实现电气化。这尤其适用于航空、部分重型运输、我国及联盟的国防移动系统和海运，在这些领域，许多航线和应用不能仅靠电力运行。这就是为什么化石燃料需要被基于可再生能源的替代品所取代，例如通过电转氢生产的喷气燃料。

2.5　使氢气成为工业部门的可持续基础材料

氢气是德国工业部门的重要基础材料（例如，它用于化工行业或钢铁生产）。德国每年约有 55TWh 的氢气用于工业应用，其中大部分来自化石能源。这些应用需要尽可能转向基于绿色氢气的生产。此外，氢气和电转氢商品需要用于推动排放密集型工业过程的脱碳，这将为氢气和电转氢商品开辟新的应用领域。例如，据估计，到 2050 年，使德国钢铁生产实现温室气体中和将需要超过 80TWh 的氢气。德国炼油和氨生产转向氢气将需要约22TWh的绿色氢气。德国工业部门已经对氢气有需求，预计未来这一需求将大幅增长。这意味着工业部门有望成为加速氢气市场推广的主要因素之一，并成为氢技术的全球先驱。

2.6　加强运输和配送基础设施

开发和建立合适的运输和配送基础设施对于能够进口和发展氢气及其衍生产品的销售市场至关重要。德国拥有发达的天然气基础设施，包括紧密相连的天然气网络和储气单元。为了充分发挥氢气的潜力，我们将加强运输和配送基础设施，并继续确保氢气应用的使用安全。这包括建设和扩展专用氢气网络。联邦政府将重新审视和制定天然气基础设施的监管框架和技术要求。例如，它将研究不再用于运输天然气的管道是否可以转换为氢气基础设施，并调查现有或升级后的天然气基础设施与氢气的兼容性是否可以得到保证。

2.7　促进科学研究，调动技术人才

研究是支撑能源和产业政策的战略要素。只有通过制定涵盖整个氢价值链（从储存、运输和分配一直到使用）的长期研究和创新计划，才有可能将氢气确立为能源转型的关键技术。氢解决方案需要在2030年前系统地发展到工业规模的实际应用阶段。为了进一步加强德国公司和研究机构在氢领域的良好地位，我们应该招聘、培训和培养杰出的科学家、新人才和技术熟练的员工，并与其它领先的研究国家进行密切对话。政府还计划更加注重建立新的研究机构、设立卓越中心以及建设针对受结构变化特别影响地区的教育和研究能力。

2.8　塑造和伴随转型过程

能源转型和可再生能源使用的增加意味着所有利益相关者

需要在许多方面进行适应。我们将与企业、科学家和公众合作，探讨氢气如何为能源转型做出贡献。我们将启动一个对话进程，伴随必要的转型，并在必要时为利益相关者提供帮助。

2.9 加强德国工业，确保德国公司的全球市场机会

德国现在有机会在氢和电转氢技术的开发和出口国际竞争中发挥关键作用。德国氢技术领域大量的利益相关者及其良好的国际联系，不仅是未来德国氢技术成功进行市场推广的关键因素，还将增加德国公司在这个前瞻性市场上的机会。氢气生产和使用以及供应组件的制造将有助于区域价值创造，并增强在这些领域活跃的公司。为了实现这一目标，在实施氢战略时，特别是在资助措施中，要注意确保德国所有地区都能从氢经济带来的新增长潜力中受益。氢技术市场推广的促进也为应对新冠疫情的经济影响做出了重要贡献，并为德国工业的可持续发展奠定了又一基石。

2.10 建立国际氢市场和合作

我们需要为氢气及其下游产品的未来供应做好准备，并将其设计为可持续的。因为从中长期来看，德国将进口大量氢气。我们与其它未来的进口国一样，希望尽快建立一个全球氢市场。鉴于其可再生能源潜力，目前生产和出口化石燃料的国家也有诱人的机会将其供应链转换为可再生能源和氢气的使用，从而成为潜在的氢气供应商。这样，这些国家从长远来看也将从现有的贸易关系中受益。在此，重要的是要确保伙伴国家的当地市场和当地能源转型不受阻碍，而是通过氢气生产得到促进。

氢气和合成下游产品的国际贸易不仅将为德国和欧盟创造新的贸易关系，还将促进能源来源和运输路线的进一步多样

化，从而提高供应安全。因此，氢气及其下游产品的国际贸易将成为一个重要的工业和地缘政治因素，这需要战略目标和决策，但也为各方提供了新的机会。

2.11　将全球合作视为机遇

全球范围内都有一种感觉，即氢技术即将取得令人兴奋的进展，我们希望与世界各地的合作伙伴合作，利用这种积极的氛围，实现快速的技术进步。在国际层面，与潜在供应商和其它进口国的合作促进了他们对缓解气候变化的贡献，并为可持续增长和发展创造了机会。在北海地区和南欧，特别是在联邦政府的能源伙伴关系以及与德国发展合作中的伙伴国家合作的背景下，存在联合项目和技术试验的可能性。

2.12　建立和确保氢气生产、储运和应用的质量保证基础设施，并建立信任

氢的特殊物理和化学性质意味着，对氢的生产、运输、储存和使用设施的开发，特别是对监测来说，一个强大的质量保证基础设施是必不可少的。需要在国家和欧洲建立联网的测量和质量保证基础设施，其主要组成部分是计量学以及物理和化学安全技术。特别是需要有科学认可、规范的测量方法和评估标准，以及国际认可的标准和技术规范。此外，需要建立高度的安全性，负面事件和事故可能削弱公众对氢技术的接受度，需要在用户之间建立信任。

2.13　改善政策环境，持续应对当前发展

《国家氢战略》的实施和进一步发展是一个持续的过程。实施情况和目标实现情况将由一个新的委员会定期审查，这个委员会是由各部委负责氢事务的国务秘书组成的，该机构还将决定战略的进一步发展和实施。国务秘书委员会得到一个国家

氢理事会的支持和建议，该理事会由来自科学、商业和民间社会的高级专家组成。战略将在三年后进行首次评估。在此基础上，联邦政府将考虑战略的进一步发展，包括为此所需的措施。

3 氢气：现状、行动领域和未来市场

3.1 氢气及其下游产品的现状和预期趋势

德国国内氢气消费量目前约为 55TWh。对氢气的最大需求与工业中的材料生产过程相关，在基础化学品（氨、甲醇等生产）和石化行业（传统燃料生产）之间均匀分布。这些过程中使用的大部分氢气是"灰色"氢气。约 7% 的需求（3.85TWh）通过电解（氯碱）过程得到满足。由于特别是在石化行业中使用的一些氢气不必从头生产，而是作为其它过程（如催化重整）的副产品可用，目前约 55TWh 的氢气消费量不能完全被"绿色"氢气替代。

德国乃至全球氢能市场的未来发展，在根本上将取决于气候行动政策所展现的雄心以及随之采取的策略。根据《巴黎协定》和联邦政府到 2050 年实现温室气体中和的承诺，未来氢气市场可能呈现以下趋势：

到 2030 年，随着市场渗透，氢气需求将初步增加，特别是在工业部门（化学、石化、钢铁），在较小程度上也在运输部门。据保守估计，工业需求将增加 10TWh。此外，预计燃料电池驱动的电动汽车的需求将不断增长。其它消费者（如部分供热部门，从长远来看）可能会跟进。

如果要实现 2050 年的碳中和目标，氢技术在德国也将发挥重要作用。根据各种研究分析的情景，考虑到在 1990 年基

准上减少 95% 温室气体排放对整个能源系统的影响，2050 年基于电力的能源预测消费量将在 110TWh（联邦环境、自然保护和核安全部的《气候保护情景》）到约 380TWh（德国工业联合会的《气候路径》）之间。除了工业和运输部门，转型部门也有长期需求。未来政策框架的架构，特别是在气候行动雄心和相关战略方面，将对各个部门的总体需求和消费水平的发展产生决定性影响。

《国家氢战略》针对以下未来战略市场：

（1）氢气生产。为了推动氢能技术的市场渗透和出口，国内市场是必不可少的，需要为氢气的生产和使用提供一个强大而可持续的基础，并进一步推动能源转型。如果氢能要以可持续和经济的方式得到长期应用，就必须系统地提高再生能源（特别是风能和光伏）发电的能力。

（2）工业部门。在某些工业部门，使用传统技术无法实现向碳中和的转型。在这些部门，气态和液态能源必须逐步被替代，为使用零碳或低碳排放的可替代资源或工艺铺平道路。从长远来看，许多工艺可以使用氢气及其衍生产品。特别是在炼油厂和部分化学工业中，如今已经可以在无须调整的情况下用绿氢替代灰氢。此外，化学工业的现有基础设施，如氢气网络，可以继续使用，并可能为其他应用（如钢铁行业）进行扩展或优化。例如，氢气很快将在钢铁行业的试点项目中得到应用，利用铁矿石直接还原工艺替代高排放的高炉工艺。目标是尽可能将即将进行的工业规模生产设施的投资引导到气候友好型技术上。因此，氢将在德国工业方面发挥重要的长期作用。

（3）运输部门。移动应用为氢能的使用提供了巨大的潜力。如果交通部门想要实现特定行业的气候和可再生能源目标，就必须致力于技术进步。对于那些直接使用电力不可行或技术上不可行的应用，氢能或电转氢（铂基燃料）驱动的移动技术可以成为一种替代选择。这包括必须确保盟友之间兼容性的军事应用。

从长远来看，特别是航空和海运运输将对来自电转氢的氢能需求不断增长，以满足碳中和燃料的需求。航空和海运运输都依赖合成燃料来实现脱碳。在航空运输以及沿海和内陆航运中，燃料电池和电池驱动系统也可能是某些移动需求的选项。然而，这一领域的技术进步仍然必要。

在许多行业［如城市公共客运交通（公交车、火车）、重型道路运输（卡车）、商用车辆（例如用于建筑或农业和林业）或物流（运输交通；其他商用车辆，如叉车）］中，引入燃料电池车辆可以补充电池驱动的电动移动，并大大减少空气污染物和碳排放。在某些细分市场，氢也可能为汽车提供替代方案。如果要在道路运输中使用氢气，必须根据需要扩大加氢基础设施。

德国汽车和供应商行业正在经历结构性转型，为这些行业提供建设性和有针对性的支持至关重要。例如，在燃料电池技术方面，目标是加强德国的机械和设备制造业，并致力于改善燃料电池组件（电堆、压力容器等）的成本、重量和性能参数，以在全球范围内实现领导地位。

（4）供热市场。即使充分利用了过程热和建筑部门的效率和电气化潜力之后，对气态燃料的长期需求仍将持续存在。从长远来看，氢气及其下游产品可以通过多种方式帮助部分供热市场脱碳。

3.2　氢气作为欧洲合作项目

为了在国内推广氢能技术并建立国际氢能市场，必须解决和应对的问题和条件只能在欧洲内部市场和监管框架的框架内得到成功解决。随着氢技术在其它欧盟成员国的发展，建立欧洲内部氢市场变得越来越重要。欧盟受益于北海的理想风能位置以及南欧提供的巨大光伏和风能潜力。这种潜力可以为生产可再生氢气提供巨大的长期机会。此外，欧洲发达的天然气基础设施可能为氢气运输提供可能性。为了给内部市场奠定基础，我们需要一个强大的欧洲框架。关键挑战只有在欧盟的背景下才能得到有意义的解决。因此，跨境合作对于在各自地区寻找风能和太阳能的生产解决方案以及氢气的分配不可或缺。在监管法律、投资条件和经验分享方面也是如此。此外，需要在欧洲和国际层面采取行动，为氢气的生产和运输制定明确的可持续性标准，并为电力、氢气和合成下游产品的系统化和环境分类奠定基础。通过尽早在这一领域制定标准和政策环境，欧盟可以在塑造基本国际框架方面发挥关键作用。还需要在国家援助框架方面取得进展，以考虑到例如钢铁和化学工业中使用氢气所带来的不断上升的运营成本。德国将在建立氢市场和制定可持续性标准方面发挥积极作用，分享其能源转型经验，并利用其担任欧盟理事会主席的机会，将重点放在部门耦合框架和欧盟内部氢市场的发展上。在欧盟内部，联邦政府将倡导本战略的关键方面影响欧洲氢战略的制定。

3.3 国际贸易

如果德国要实现其 2030 年的气候目标和 2050 年的温室气体中和目标，从欧洲内部市场以外进口可再生能源将成为中长期的必要选择。因此，氢气及其下游产品的国际贸易是一个重要的工业和地缘政治因素。

在国际层面，与潜在供应商和进口商的合作，如果基于合作伙伴的需求，可以促进他们对缓解气候变化的贡献，加速氢技术的推广，并为可持续增长和发展创造机会。例如，可以就氢气生产的认证和可持续性标准达成协议，并增加市场容量。现有的合作形式，特别是与联邦政府的能源伙伴关系，以及与德国发展合作中的伙伴国家或国际气候倡议的合作，为联合项目和测试进口路线及技术提供了前景。此外，可能会出现进一步的国际合作倡议。当前的化石燃料出口商如果在氢气生产方面具有巨大潜力，可能会发挥特别突出的作用。特别是在发展中国家，至关重要的是要确保氢气出口不会损害相关出口国可能不足的能源供应系统，从而激励当地对更多化石燃料的投资。因此，绿色氢气的生产应成为这些国家迅速扩大可再生能源发电能力的动力，毕竟这也将使当地市场受益。

氢气市场所需的贸易关系提出了复杂的地缘政治问题，政策制定者必须尽早解决。但它们也提供了许多机会，例如，扩大欧盟内部能源市场、建立新的国际价值链、加强与德国发展合作中那些为电转氢提供巨大可再生能源潜力的伙伴国家的合作，以及扩大与能源出口商的现有贸易关系或建立新的贸易关系。

3.4　德国国内外的运输和配送基础设施

为了能够进口和发展氢气及其下游产品的销售市场，必须建立合适的运输和配送基础设施，特别是在输电系统方面。德国拥有发达的天然气基础设施，包括紧密相连的天然气网络和与之相连的储气单元。未来，部分基础设施也将可用于氢气运输。此外，还将专门创建用于氢气运输的网络。鉴于德国的地理位置及其作为欧洲重要过境国的角色，这些转型过程只有在与欧洲邻国和相关第三国合作的情况下才能成功实现。必须为氢气的生产和运输以及相关排放建立一致的质量和可持续性标准以及合适的文件程序。与其它国家一样，在德国建立氢市场对基础设施的几个组成部分以及终端用户使用的某些设备和装置带来了技术挑战。因此，必须尽早启动必要的转型过程。然而，为了避免投资不当，这一转型过程应根据2050年碳中和目标预期的需求来进行。

特别是在国际贸易方面，运输氢气的重要选择包括电转氢下游产品或液态有机氢载体（LOHCs）。液态氢、电转液/电转气下游产品和LOHCs可以安全、便捷地长途运输。在这里，可以利用现有运输能力和相关基础设施，并创建新的能力（如管道、甲醇和氨运输船）。在"运输阳光"的口号下，研究可以为大规模生产和运输绿色氢气提供前所未有的机会。电转氢产品的长途贸易可以通过管道系统运输氢气来补充。重要的是要避免氢气运输过程中的温室气体排放。

3.5　研究、教育、创新

研究是支撑能源和产业政策的战略要素。得益于联邦政府研究资助的长期方法和可靠性，德国公司和研究机构在氢和其它电转氢技术方面处于领先地位。在全球范围内，德国的机构资助为优秀的研究设施和基础设施提供资金，并有助于将前沿研究转化为实践。

我们致力于为涵盖整个氢价值链（从生产、储存、运输、配送、一直到应用）的关键用能技术和新方法提供研究资金。通过将前瞻性基础研究与有针对性的应用研究相结合，我们可以为电解水制氢或生物制氢、甲烷热解、人工光合作用和燃料电池等关键用能技术奠定基础。重要的是要考虑到各个部门（如航空运输、海运和工业）的特殊性，并利用不同应用领域之间的潜在溢出效应。我们还在评估天然氢资源可能带来的机会。

我们资助研究是因为我们知道今天的研究成果将成为明天的创新。必须在研究和实践之间架起桥梁，除了能源转型的监管沙盒，我们还依靠与商业和科学界强大合作伙伴合作的经过实践检验的协作项目形式。由于从研究到应用的周期较长，有必要促进基于应用的能源研究，以便我们及时实现目标。

我们还在应用基础研究领域加强科学与商业之间的竞争前合作。像 Carbon2Chem 和 Kopernikus 这样标志性项目展示了前沿科学和创新公司如何能够成功合作，我们利用这些经验来开发国际上可见的、可出口的氢技术。此外，我们的研究侧重于氢应用，如直接还原作为减少钢铁和化学工业碳排放的手段。

现在是将实验室创新更快地付诸实践并实现其工业推广的时候了。为了加速关键用能技术（特别是氢领域）的创新转移，并帮助这些技术更快地进入市场，能源转型监管沙盒已被确立为能源研究的一个新的资助支柱。国家脱碳计划也有助于加速依赖氢的创新气候技术在整个工业中的应用和使用。

氢气也是一个教育问题，氢产业在德国国内外都需要技术熟练的工人。因此，我们将探索教育与研究合作的新视野。

4　国家氢战略的治理

将建立一个灵活且注重结果的治理结构，以监测战略的实施并进一步发展该战略，见下图。

一个由相关部委组成的氢问题国务秘书委员会将为《国家氢战略》下的活动提供持续支持。如果实施出现延误或未能实现战略目标，国务秘书委员会将立即与联邦内阁协调采取纠正措施，根据新要求调整行动计划。目标是确保《国家氢战略》与市场发展保持一致并实现其总体目标。

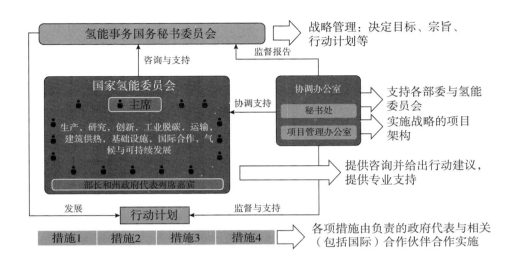

国家氢能战略的治理架构

联邦政府将任命一个国家氢理事会。该理事会由 26 名来自商业、科学和民间社会的高级专家组成，他们不属于公共部门。理事会成员应在生产、研究与创新、工业脱碳、运输与建筑/供热、基础设施、国际伙伴关系以及气候与可持续性等领域拥有专业知识。在第一次会议上，理事会成员将选举其中一人担任主席。

国家氢理事会的任务是通过提出建议和行动建议，为国务秘书委员会在实施和加强氢战略方面提供咨询和支持。理事会和国务秘书委员会定期举行联席会议，以促进联邦政府与理事会之间的协调，并确保理事会的工作在《国家氢战略》实施过程中与各部委的活动紧密结合。此外，相关部委的指定代表（如来自主管总司的代表）将作为嘉宾出席理事会会议。应各州要求，两名州代表可以作为嘉宾出席会议。国家氢理事会每年至少召开两次会议。

联邦教育与研究部（BMBF）的"绿氢"创新官员是国务

秘书委员会和国家氢理事会的常任专员。该官员负责组织由
BMBF 开展的研究与开发活动，并与参与该过程的政府、企业
和科学界代表合作协调其实施。此外，该官员确保由 BMBF 负
责开展的研究中产生的有前景的创新方法和激励措施进入政治
领域，并在公共辩论中得到讨论。

联邦政府正在国家氢理事会之外设立一个氢协调办公室。
协调办公室秘书处以联邦政府的名义协助各部委实施氢战
略，并协助氢理事会协调和起草行动建议。协调办公室还负
责监测国家氢战略。此外，它通过提供灵活的项目管理结构
积极支持各部委实施该战略，为此，协调办公室设立了专题
工作组。

年度监测报告为氢理事会和国务秘书委员会提出建议和做
出决策提供了基础。该报告不仅阐述了在创建氢经济方面取得
的总体进展，还概述了在参考期间可能出现的任何意外挑战，
并确定了必须采取的步骤。它还特别关注欧洲和国际层面。报
告所依据的相关指标将持续收集和评估，涉及各个行动领域
（例如，德国、欧洲和其他相关国家安装的电解产能；不同应
用领域的氢量和生产方法）。这些监测报告构成了一份每三年
编写一次的扩展报告，该扩展报告对战略和行动计划进行全面
评估，并就如何进一步发展这些战略和计划提出建议。在此基
础上，目标是确保国家氢战略与市场趋势保持一致并实现其
目标。

联邦政府与各州之间的合作

除了在联邦层面采取的措施外，各州也一直在规划和实施
自己的氢相关措施，这些措施对于创建氢经济和德国企业的领
导地位同样重要。联邦和州层面的密切合作有助于协调活动、
发挥协同作用、避免路径依赖、分享宝贵经验并确定进一步的

行动步骤。为此，联邦政府将很快（2020 年上半年）建立一个合适的平台形式（例如以联邦—州的氢工作组形式），并确保各州政府了解氢理事会的活动。现有的以氢为重点的网络、倡议和工作组将得到考虑，并在适当情况下作为进一步活动的基础。

5　行动计划：国家氢战略成功所需的步骤

通过提出《国家氢战略》行动计划，联邦政府为私企在经济可行和可持续的氢气生产、运输和应用方面的投资奠定了基础。这也可以在减轻新冠疫情影响和重振德国及欧洲经济方面发挥作用。在 2023 年之前的初步推广阶段，联邦政府将在以下领域采取一系列措施。相关部委将负责确保在现有预算估计和财务计划的基础上实施和资助这些措施。然而，《国家氢战略》也具有跨领域的层面，将高度注重系统方法。这意味着供应和需求将始终一并考虑。

行动计划中列出的措施是《国家氢战略》第一阶段（即到 2023 年的阶段）的措施，届时推广将开始，为一个运作良好的国内市场奠定基础。与此同时，诸如研发和国际层面等关键问题也将得到解决。下一阶段于 2024 年开始，重点是稳定新出现的国内市场，塑造氢的欧洲和国际层面，并将其用于德国工业。这表明持续发展是《国家氢战略》的内在特征。

5.1　氢气生产

可靠、经济实惠且可持续的氢气生产方式对于其未来使用至关重要。现在是建设工业规模示范工厂并进一步扩大规模的时候了，以确保氢气生产成本大幅降低。

措施 1：建立更完善的框架，以更有效地利用可再生能源

（例如通过部门耦合），并设计出公平的能源价格构成，以符合气候目标和能源转型目标（促进电网稳定性），从而为绿氢的生产创造更大的空间。在此方面，化石燃料在交通和供暖领域使用的二氧化碳定价是一个重要的组成部分，并将辅之以《2030年气候行动计划》中设想的降低可再生能源附加费。然而，从长远和中期来看，这将不足以确保德国运营绿色氢气生产设施的公司有可持续的商业环境。因此，除了在气候计划中达成的协议外，我们将探索通过改革由国家推动的价格构成的可能性，同时继续将二氧化碳定价作为关键指导工具。我们的分析还将包括是否可能大幅免除用于生产绿氢的电力的税费的问题。特别是，我们正在努力使绿氢的生产免于征收可再生能源附加费。同时，我们将确保可再生能源附加费不会增加。

措施2：我们正在探索符合监管拆分原则（预计在2020年取得成果）的电解槽运营商和电网及天然气网络运营商的新业务和合作模式的可能性。我们计划启动1~2个试点项目，以测试极具潜力的、能够以可承受的价格显著减轻电网负担的途径。我们正在研究是否需要修改监管框架以实现这一目标。

措施3：作为气候行动创新公约的一部分，我们还通过为电解设备的投资提供资金，支持工业部门向氢能的过渡（实施从2020年开始，有关气候行动创新公约和对工业部门氢能应用的支持，请参见第14项措施）。我们还正在探索潜在的绿氢生产招标方案，例如，以帮助钢铁和化工行业脱碳。如果有必要，将根据需要为国家脱碳计划补充资金。

措施4：由于海上风能具有较高的满负荷运行时间，因此它是一种可以用来生产绿氢的有吸引力的可再生能源技术。该框架正在进一步完善，以确保在这一领域的投资得到回报。将讨论的潜在调整包括指定可用于海上氢气生产的其它区域、生

产氢气所需的基础设施以及可能进行的可再生能源生产拍卖
（实施从 2020 年开始）。

5.2　应用领域

氢气市场的持续发展需要可靠的需求和更多的氢气使用。
出于经济原因，氢气的推广必须有针对性地逐步进行。因此，
在交通部门的某些领域以及作为循环利用和高优先级工业应用
中的还原剂，使用氢气作为替代燃料将是增加的重点。在此情
况下，重点将是那些在短期内或中期内使用氢气具有经济可行
性的领域，不会造成重大路径依赖，或者没有其它低碳化替代
方案的领域。

5.3　运输

措施 5：将绿色氢气用于生产燃料以及作为传统燃料的替
代物，应作为迅速和积极将欧盟《可再生能源指令》（RED
Ⅱ）转化为德国法律的一部分（2020 年实施）。关键措施
包括：

- 更高的二氧化碳减排比率将提高交通领域可再生能源的份
  额。如果与其它特定措施相结合，它可以为使用氢气或氢
  气产品作为交通替代燃料提供激励。因此，联邦政府已决
  定将大幅提高德国最终能源消费中的可再生能源份额，超
  出欧盟 2030 年的要求。将在联邦环境影响控制法中设定
  目标，该法规定了交通部门的温室气体排放削减率，该削
  减率将在联合政府协议中进一步明确。

- 使用绿色氢气生产传统燃料是利用氢气的明智方式，为减
  少运输部门的温室气体排放做出了切实贡献。因此，我们
  将利用 RED Ⅱ 转化为德国法律的机会，使用绿氢生产
  燃料可计入温室气体减排率。此外，我们将寻求设计将

RED Ⅱ 转化为国家法律的立法，以便尽快使绿氢能够用于生产燃料。我们希望为电解槽投资创造明确的激励措施，以便尽快开始推广。我们的目标是在德国安装约 2GW 的电解槽容量。如有必要，我们也将为此提供财政支持。

- 由于航空运输在可预见的未来仍将依赖液体燃料，来自可再生能源的煤油在缓解气候变化方面具有重要作用。原则上，要求供应商使用基于电力的喷气燃料似乎是合理的，而生产这种燃料需要绿色氢气。需要进行分析，以确定到何时在技术上可持续地生产多少煤油。为了积极推动市场推广，正在讨论 2030 年的 2% 最低配额。在通过法律要求时，重要的是要避免德国航空业处于竞争劣势。因此，联邦政府将与欧洲伙伴合作，倡导多边要求。

- 在所有应用领域，建立统一和透明的能源产品碳足迹确定方法和可持续性评估方法对于国家、欧洲和全球替代能源贸易至关重要。我们将尽早积极参与欧洲层面的这些讨论。

措施 6：国家氢和燃料电池技术创新计划（NIP）下的资助措施将继续。能源和气候基金（ECF）到 2023 年提供的额外资金为氢和燃料电池技术提供了更大的空间。

措施 7：开发和资助用于生产基于电力的燃料，特别是基于电力的煤油和先进生物燃料的设施。为此，能源和气候基金（ECF）已指定 11 亿欧元用于 2023 年之前的燃料和设施。

措施 8：资助基于需求的车辆加氢基础设施建设，包括重型公路运输车辆、公共交通车辆和当地客运铁路服务车辆（见措施 20）。能源和气候基金（ECF）总共可为所有替代技术的加氢和充电基础设施建设提供 34 亿欧元的赠款。如有必要，氢气基础设施的资金将提前提供。根据《2030 年气候计划》，联邦政府希望为商用车开发氢气加油站建设概念。为促进绿氢在重型公路运输中使用，加氢站网络将迅速扩展。

措施 9：倡导大力发展欧洲基础设施，促进以燃料电池为动力的跨境运输；2021 年开始重新制定欧洲替代燃料基础设施指令（AFID）。

措施 10：支持建立有竞争力的燃料电池系统供应行业（燃料电池及相关组件），包括为车辆应用大规模生产燃料电池堆建立工业基础，探索建立氢技术和创新中心的可能性，以促进燃料电池驱动系统车辆平台的出现，并支持建立物流/内部物流燃料电池系统供应商。

措施 11：有针对性地转化《清洁车辆指令》（CVD），以支持当地运输中的零排放车辆。

措施 12：倡导根据《欧洲道路收费标签指令》对卡车通行费进行基于碳的差异化，对气候友好型驱动系统降低收费标准。

措施 13：倡导在国际上统一氢和燃料电池基系统的移动应用标准（如加氢标准、氢气质量、官方校准、氢动力汽车型式认证、船舶许可等）。

5.4　工业部门

措施 14：国际竞争环境使得无法将零碳技术的投资成本完全转嫁给客户。因此，联邦政府启动了多个计划，对从传统化石燃料技术向温室气体排放低甚至气候中性的工业过程的转换进行奖励。转向氢气作为基础物质和燃料是关键，特别是在钢铁和化工工业中。为此可用的工具包括"工业部门脱碳基金"以及"工业生产中的氢气的利用"（2020~2024 年）和"基础材料行业中二氧化碳的避免和利用"等计划。

措施 15：作为促进气候友好型工业流程的努力的一部分，

我们不仅提供投资补助，还支持电解槽的使用。为此，联邦政府将启动一个名为"差价合约"（CfD）的新试点计划，主要针对钢铁和化学工业及其相关的过程排放。根据该计划，联邦政府将保证提供资金，金额是为了避免排放的实际成本/基于项目合同约定的每单位温室气体排放量的碳价格与用于实现温室气体中和的脱碳技术的建设和运营的碳排放交易体系（ETS）价格之间的差额。如果未来 ETS 价格高于合同约定的碳价格（即相应技术的避免排放成本），公司将必须向联邦偿还差额。这种类型的计划提供了可靠的投资环境，并为早期实施气候项目创造了激励措施，进而将为氢气生产和氢技术的推广创造间接激励。一旦试点阶段成功完成，就有可能将这种模式扩展到其它工业部门。我们的目标是与欧盟委员会密切协调。

措施 16：增加对使用低排放过程和氢气制造的工业产品的需求。联邦政府希望鼓励在国家和欧洲层面开展工作，探索如何在能源密集型行业中促进气候中性和回收产品的市场。正在考虑对气候友好型基础物质（如绿色钢铁）的需求配额。这些措施需要一个清晰的标签，以易于理解的方式区分更具气候友好性或可持续性的中间产品和最终产品。

措施 17：与利益相关者（特别是来自能源密集型行业的利益相关者）在特定行业对话形式内共同制定基于氢气的长期脱碳战略（2020 年开始针对化学、钢铁、物流和航空部门，其他部门将逐步跟进）。

- 化学工业：化学工业对氢气作为原料已经有很高的需求，并且大多使用灰氢。与该部门讨论的目标之一是探索如何逐步替代灰氢。这应以尊重化学工业供应链且不产生锁定效应的方式实现。例如，设想用新的碳源（碳捕获和利用、直接空气捕获等）替代迄今为止使用的化石基材料，这将为化学反应和化学生产提供碳中性的原材料基础。同样，在某些领域存在氢气生产过剩的情况，例如，氯碱电解过程中会释放氢气作为副产品。这种未开发的潜力应得到登记和审查，以确定其潜在用途。

- 钢铁工业：与该行业的对话将侧重于以下问题。替代工艺，如向高炉注入氢气，在过渡时期避免温室气体排放，以及更重要的是在专用设备中进行直接氢气还原，可为钢铁生产脱碳做出重要贡献。碳捕获和利用（CCU）也正在探索性项目中进行测试。考虑到投资周期，我们希望为规划提供可靠的基础。这尤其适用于框架和对直接投资的潜在支持。

- 物流：氢技术在运输中的使用将取决于整个供应链的调整。关于氢在物流部门前景的对话将很快在"2030 年物流创新计划"的创新委员会进行。重点是车辆制造商、基础设施、能源和燃料供应商如何与物流公司合作，协调彼此的产品范围，以便氢技术可用于重型运输的脱碳。

- 航空：作为"航空工业圆桌会议"的一部分，将讨论《巴黎协定》给航空业带来的挑战。这是氢技术可以发挥作用的另一个领域。

- 其它部门：其它即使从长远来看也无法完全依赖可再生能源或与不可避免的高过程排放相关的应用，将必须由替代能源提供动力或关闭其碳循环（例如通过使用基于氢气的CCU 选项）。需要为必要的调整做好准备，以使监管框架（包括欧盟层面的框架）具有可持续性（例如，制定一种将 CCU 计入碳减排目标的方法）。

5.5 供热

措施 18：就建筑部门（住宅和非住宅物业）而言，自2016 年以来我们已经实施了高效燃料电池供热系统的能源效率激励计划。联邦政府将继续提供这笔资金，并在必要时增加资金。此外，将评估扩大该资金适用范围的可能性。2020～2024 年，能源效率激励计划和未来的联邦补偿法案中已预留高达 7 亿欧元，这笔资金也可用于资助燃料电池供热系统。

措施 19：为了加强供热部门向可再生能源的长期转变，联邦政府正在研究如何根据《热电联产法》为"氢就绪"设施提供资金。

5.6 基础设施/供应

安全、可靠且基于需求的高效氢气供应将是未来氢市场的关键。这可以通过根据需要现有基础设施的潜力并在必要时启动新基础设施的建设来实现。在这方面将采取以下措施：

措施 20：正在与相关利益相关者一起评估这一转型过程中的长期行动需求，并编写一份报告，其中包括行动建议。这意味着需要及时讨论并启动从供应商到终端消费者使用现有结构（专用氢气基础设施以及部分可调整和改造为氢气就绪的天然气基础设施）的可能性，以及重新规划和重新利用管道等用于未来氢气供应的可能性。将迅速准备氢气基础设施建设和扩展所需的监管基础设施。为此，不久将进行市场探索程序。

措施 21：将继续努力更好地连接电力、供热和天然气基础设施。目标是以一种能够协调这些不同基础设施部分并根据能源转型的需求以具有成本效益的方式进行开发，塑造规划、融资和监管框架。在这种情况下，需要考虑现有氢气基础设施的潜力，同时确保其在欧盟范围内的兼容性（正在进行中；联邦委托的一项长期研究结果将于 2020 年第二季度公布）。

措施 22：在创建新基础设施时，必须特别关注根据需求扩展道路运输中的加氢站网络，在铁路网络内的合适位置（例如根据《市政交通融资法》）以及水路（见应用领域）。目标群体包括个人用户和大型氢动力或燃料电池动力车辆车队的运营商。

5.7　研究、教育、创新

沿着整个氢价值链的新的研究和创新资助举措将为未来的市场成功奠定基础。我们正在整合多个有针对性的资助措施，使研究和创新成为联邦政府能源和产业政策的战略要素。这项工作植根于第七个能源研究计划。短期和中期的重点是以下措施：

措施 23：以一个共同的氢路线图作为指导：德国希望在全球市场上定位为绿氢技术的领先供应商。为此，将与科学、商业界和民间社会共同制定德国氢工业路线图。这个路线图旨在产生国际影响，其中的应用场景将用于确定需要研究和行动的领域（2020 年第一季度开始）。

措施 24：在短期内，将借助对国际供应链的研究，建立绿氢示范项目。目的是解决一些基本问题和方面：开发理想和典型的供应和技术关系；在全球范围内测试稳健和模块化的解决方案。合作伙伴国家的生产基地将被纳入其中（2020 年第一季度开始）。

措施 25：一项名为"氢技术 2030"的跨部门研究活动将把与氢相关的关键技术研究活动战略性地捆绑在一起（2020 年第二季度开始实施）。研究的主要内容包括：

- "能源转型监管沙盒"，将接近市场的 PtX 技术扩大到工业规模，加速创新转移过程；

- "钢铁和化学工业中的氢"大规模研究项目，为实现气候中性铺平道路；
- 运输部门的项目，将利用研究、开发和创新，进一步降低氢技术成本；
- 可行性研究和潜力地图集，帮助确定经济上适合未来绿氢工业的全球地点。这项工作将考虑到各国能源需求和现有自然资源的未来发展情况；
- 国际网络和创新合作，为德国技术出口准备新市场；
- 建立一个新的氢技术研究网络，以促进商业和科学之间的网络建设和开放对话，从而为公共资助政策提供信息。
- 该研究活动还将支持国家氢和燃料电池技术创新计划（见措施6）。

措施26：通过支持创新框架从而为使用氢技术铺平道路。目前正在进行评估，以测试研究和实验条款等措施是否有助于氢技术的市场准入并促进其向实践的转移。在短期内，将建立一个科学政策咨询的开创性项目。该项目将为进一步发展国家和欧洲法律框架奠定基础，以实现氢气生产、储存、运输和应用的大规模推广，以及经济上可行的相关商业模式。这包括开发满足所有安全要求的质量保证基础设施，包括对系统和装置效率的评估，以及基于可靠计量程序的符合校准法的计费系统。必须确定国家或欧洲法律框架下存在的任何障碍，并提出改进建议（2020年第二季度开始）。

措施27：德国的航空研究计划支持《欧洲飞行路径2050》文件中设定的目标。该计划将继续为混合动力电动航空提供新的资金。2020～2024年，航空研究计划已为氢技术预留了总计2500万欧元（措施已启动）：

- 开发混合动力电动航空新领域的整体系统能力，例如，基于颠覆性发动机技术（如燃料电池、氢动力发电机、基于氢燃料电池的紧凑可靠混合动力发动机）和可持续地面电源（多功能燃料电池）；

- 对氢动力和混合动力电动技术（氢/燃料电池/电池技术的组合）进行区域飞机飞行测试，并为商用宽体飞机准备这些技术。

措施 28：继续实施《海事研究计划》中为"绿色航运"设定的资助工具。在欧盟层面，正在为新的"欧洲地平线"计划准备"零排放水上运输"合作倡议。目标是开发一种物质闭环的零排放船舶。2020 ~ 2024 年，海事研究计划已预留约 2500 万欧元，其中一部分可用于氢相关工作（措施已启动）。

措施 29：在国内和国际上促进教育和职业培训：我们支持并进一步发展氢技术领域的职业和科学培训以及继续教育，以便为个人和公司能够高效安全地处理氢技术铺平道路。这项工作的重点是向迄今为止发挥作用较小领域的员工传授知识和技能，包括设备制造，以及在运输部门中为燃料电池动力车辆提供服务的车库工作人员。除了技术熟练的专业人员，我们还需要杰出的科学家和新兴科学家。因此，我们正在探索培训与研究之间合作的新方式，例如，在非大学研究机构和高等教育机构设立卓越中心。我们还与出口市场合作，促进职业培训方面的合作，并通过特别计划（如针对博士生的计划）加强我们的能力建设（2021 年开始实施）。

5.8 需要在欧洲层面采取的行动

德国担任欧盟理事会主席国，这为在 2020 年下半年积极推进关键的氢相关文件提供了机会，例如，部门耦合和天然气市场设计立法等一揽子计划，其中特别包括欧盟委员会设想的《氢行动计划》和《智慧能源系统集成战略》。

措施 30：为了确保发展出一个有助于能源转型和脱碳，同时促进德国和欧洲公司出口机会的市场，需要可靠的可持续性标准和完善的质量基础设施，以及可再生能源电力和绿氢及其下游产品的原产地证明。在欧洲层面，我们希望在氢和 PtX 产品领域设定可持续性和质量标准，从而积极促进国际氢市场的建立。这包括支持在各个应用领域制定欧洲法规、规范和标准，这些将为国际市场奠定基础，并确保德国的市场推广与能源转型的需求相一致。与此同时，德国还将加强与其它国家就共同标准进行的对话，为在国际组织中实现标准化铺平道路。

措施 31：在欧盟层面，我们希望加强对绿氢的研究、开发和示范的投资。一种选择是创建一个新的欧洲共同利益重要项目（IPCEI），用于氢技术和系统领域，作为与其他成员国的联合项目。重点应放在氢的整个价值链和使用链（生产、运输、分配、应用）上。为此，联邦政府正在积极与欧盟委员会和欧盟成员国接触，以吸引对这样一个项目的支持并启动其实施（正在进行的过程）。

措施 32：在欧洲绿色协议的背景下，联邦政府尤其致力于加速实施欧盟氢倡议。此外，根据本战略，它支持欧盟委员会起草一份绿皮书，概述欧盟氢战略的预期内容。氢技术的联合市场推广将利用规模经济，为成功的内部氢市场奠定基础。

措施 33：正在探索建立一家欧洲氢公司，以促进和发展联合国际生产能力和基础设施，如果得到足够的欧洲支持，将推进这一计划。

5.9 国际氢市场和对外经济伙伴关系

氢领域的国际合作为经济政策、气候变化缓解、外交政策和发展政策提供了机会。我们旨在利用这一点，并且联盟委员会 2020 年 6 月 3 日的"未来一揽子计划"为此额外提供了 20

亿欧元。因此，我们正在加紧努力，在各级建立和加强氢领域
的国际合作。除了与伙伴国家共同开发氢技术和市场外，重点
还在于将化石燃料的生产和出口转换为氢的可能性和机会。以
下措施有助于实现这一目标：

措施 34：将氢纳入现有能源伙伴关系并与战略出口和进口
国家建立新的伙伴关系创造了新的前景，例如，使伙伴国家能
够使用德国技术出口氢产品，减少其经济对化石燃料的依赖，
并满足德国对氢的需求。例如，将利用与伙伴国家的现有能源
伙伴关系，特别是通过建立特定的专业工作组，开发基于氢的
燃料的可持续进口潜力和德国氢技术的销售市场。这也考虑到
了国内能源需求的未来发展和各国自然资源（如水）的可用
性。在此，能源伙伴关系也将有助于出口氢的国家的脱碳和经
济发展。

措施 35：我们将根据欧盟倡议，在氢能联盟框架下迅速推
进与伙伴国的合作。设想的合作将侧重于整个价值链的协作。
这将为德国公司在国外市场上定位自己创造一个平台。此外，
需要燃料的德国公司将更容易获得气候中性的氢（2020 年启
动倡议）。

措施 36：我们将加强现有的国际活动，特别是在能源伙伴
关系和多边合作的背景下，如国际氢燃料电池经济伙伴关系
（IPHE）、国际可再生能源机构（IRENA）和国际能源署
（IEA），并利用它们推进氢的超区域发展。在此，编制绿氢及
其下游产品生产潜力地图将有助于确定未来的目的地国家和出
口设施的机会（另见措施 25）。为此，将收集和汇总信息，以
显示根据伙伴国家的总体参数，哪些形式的能源可以在这些国
家生产。将特别关注与德国有积极发展合作的国家及其氢生产
潜力。还必须考虑不断增长的能源需求和自然资源（如水）的

可用性，将在德国担任欧盟理事会主席国之前及时为选定的德国发展合作国家编制潜力地图（2020年上半年开始实施）。

措施37：在伙伴国家的试点项目，特别是作为德国发展合作一部分涉及德国公司的项目，将展示绿氢及其下游产品是否以及如何能够在那里以可持续和有竞争力的方式生产和销售。将制定概念并起草具体实施选项。在此，将注意确保从伙伴国家向德国进口绿氢或基于氢的能源是在该国国内能源生产之上进行的，并且不会阻碍发展中国家（在许多情况下已经不足）的可再生能源供应。此外，这些国家干旱地区的可持续供水不得因氢生产而受到损害，目标是在整个供应链中实现可持续生产，该项目将利用氢市场作为基于伙伴关系的发展合作的关键组成部分提供的机会，从而为伙伴国家提供可持续价值创造、能源和就业的新机会，以及激励其经济脱碳和建立可持续供应链（2020年开始实施）。

措施38：在与当前化石燃料出口国的关系中，联邦政府将加强对话，以期逐步实现包括氢在内的全球能源转型。要抓住至少由部分氢替代化石燃料所带来的新机遇，这对重要的能源政策利益相关者至关重要。

6　词汇表

灰氢：灰氢基于化石碳氢化合物的使用，灰氢主要通过天然气的蒸汽重整生产，根据所使用的化石原料，其生产会产生大量的碳排放。

蓝氢：蓝氢是使用碳捕获和储存（CCS）系统生产的氢气。这意味着在制氢过程中产生的二氧化碳不会进入大气，因此从总体上看，氢气生产可被视为碳中性的。

绿氢：绿色氢气通过电解水生产，用于电解的电力必须来自可再生能源。无论使用何种电解技术，氢气生产都是零碳的，因为所有使用的电力都来自可再生能源，因此是零碳的。

　　青氢：青氢是通过甲烷热解（甲烷裂解）生产的氢气。这会产生固体碳而不是二氧化碳。该过程碳中性的前提是高温反应器的热量来自可再生或碳中性能源，并且碳被永久固定。

　　下游产品：可以从氢气中制造出其他产品（氨、甲醇、甲烷等）。只要这些产品是使用"绿色"氢气生产的，就使用总体术语"电转氢"（PtX）。根据下游产品是气态还是液态，使用术语"电转气"（PtG）或"电转液"（PtL）。

致　谢

石定寰教授，中国可再生能源学会原理事长，中国科技部原秘书长，原国务院参事。

库尔曼先生，2015～2023 年任德国能源署署长。

科勒先生，2000～2014 年任德国能源署首任署长，德国未来燃气协会监事会前主席。

德国能源署的 Marius Hörnschemeyer 先生、Sebastian Kopp 先生、Kilian Crone 先生。

德国未来燃气协会的 Annegret-Claudine Agricola 女士、Frederik Redl 先生。

中国石油勘探开发研究院金旭教授、王晓琦主任、李轶衡工程师等。

中国石油大学（北京）周琼教授。

宁波工程学院李建明教授。

中国社会科学院工业经济研究所朱彤教授。

君丰资本谢爱龙先生。

欧瑞府（北京）能源技术有限公司尚小斌先生。

大地太阳风（北京）能源技术有限公司封欢先生。

姚慧敏小姐。

国家能源转型与碳中和丛书

《转型中的电力系统：本体论与认识论》

《面向碳中和时代的氢经济和产业链》

《能源转型十讲》

《能源转型与天然气发展：技术创新、市场竞争和政策取向》

《能源转型、系统颠覆与体制革命：电力系统转型及其规制变革》

《能源转型进程中的国家能源安全》

《能源转型与我国煤炭战略定位》

《能源转型下 NOC 与 IOC 的新版图》

《全球能源转型与碳中和的治理研究》

《能源转型进程中的能源安全战略》